Nur ein paar Stündchen

Nix wie raus, ganz schnell ins Grüne. Auch mit wenig Zeit lässt sich Großartiges erleben. Kleine und große Abenteuer warten direkt vor der Haustüre.

4H

Raus für einen Tag

Man muss nicht das Land verlassen, um neue Welten zu entdecken. Einfach mal einen Tag lang raus aus dem Alltagsallerlei und rein in die Natur.

12H

Ferien für ein Wochenende

Warum auf die große Auszeit warten, wenn man einen erquicklichen Wochenendtrip ins nahe Umland machen kann? Vergnügen, Abenteuer und Wohlgefühl kompakt und intensiv.

36H

LIEBE LESERIN, LIEBER LESER.

da ist er wieder, dieser unbändige Drang, rauszu-
gehen in die Natur. Um zu wandern oder zu radeln, die Schneeschuhe anzuschnallen oder mal
an der Boulderwand abzuhängen. Oder aber,
um sich Zeit für die kleinen Dinge zu nehmen:
in einem Sonnenuntergang versinken oder Wölkchen zählen, ein Beeren-Picknick zelebrieren
oder sich dem süßen Nichtstun hingeben.

Egal, ob ganz aktiv oder eher gemütlich – oft rei-
chen wenige Stunden im Grünen, um den Kopf
wieder frei zu bekommen. Selbstredend: Auch
der Kurzurlaub vor der eigenen Haustür birgt
besonderes Erholungspotenzial.

Viele wunderbare Eskapaden in und
um München wünscht Ihnen,
dir und euch

PS: Informationen zum GPX-Download gibt's auf Seite 224.

AUSZEIT. ABENTEUER. LEBENSFREUDE.

1. KAPITEL
ABSTECHER

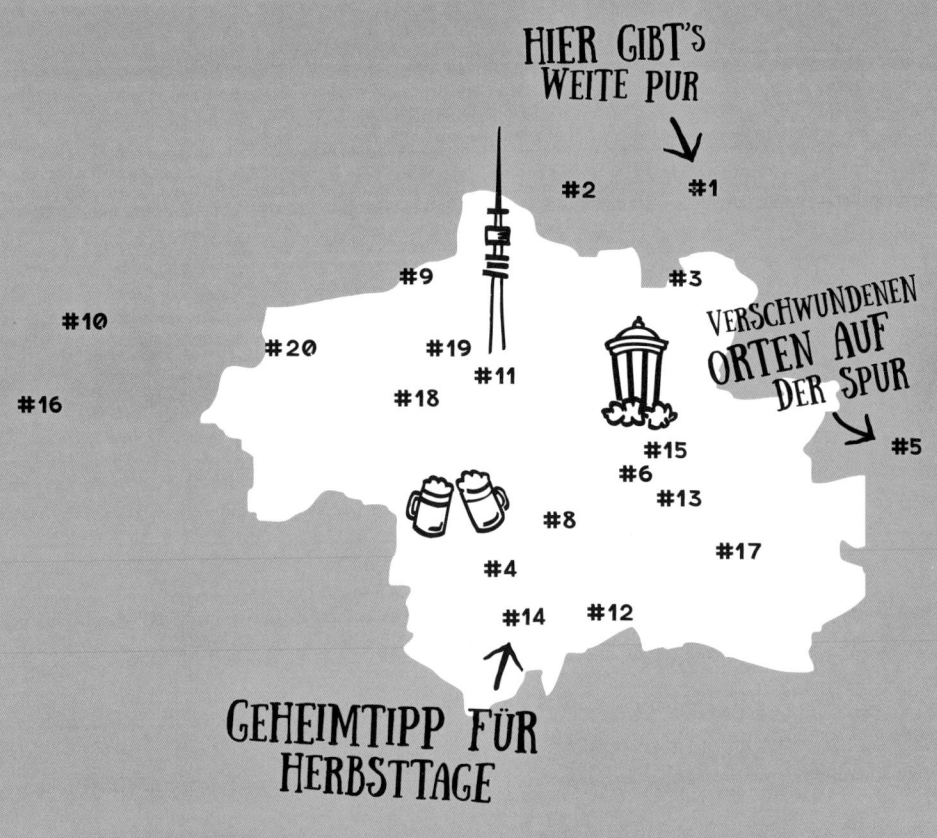

HIER GIBT'S
WEITE PUR

#2   #1

#9   #3

#10   VERSCHWUNDENEN
            ORTEN AUF
#20   #19 DER SPUR

#16   #18 #11   #5

            #15
            #6   #13
       #8

       #4   #17

#14   #12

GEHEIMTIPP FÜR
HERBSTTAGE

#7

Nur ein paar Stündchen

Sich in der Stadt wie in den Bergen fühlen, entspannt durch Parks und Wiesen schlendern und nach Feierabend Hügel erklimmen – die kleine Auszeit ist ganz nah.

4H

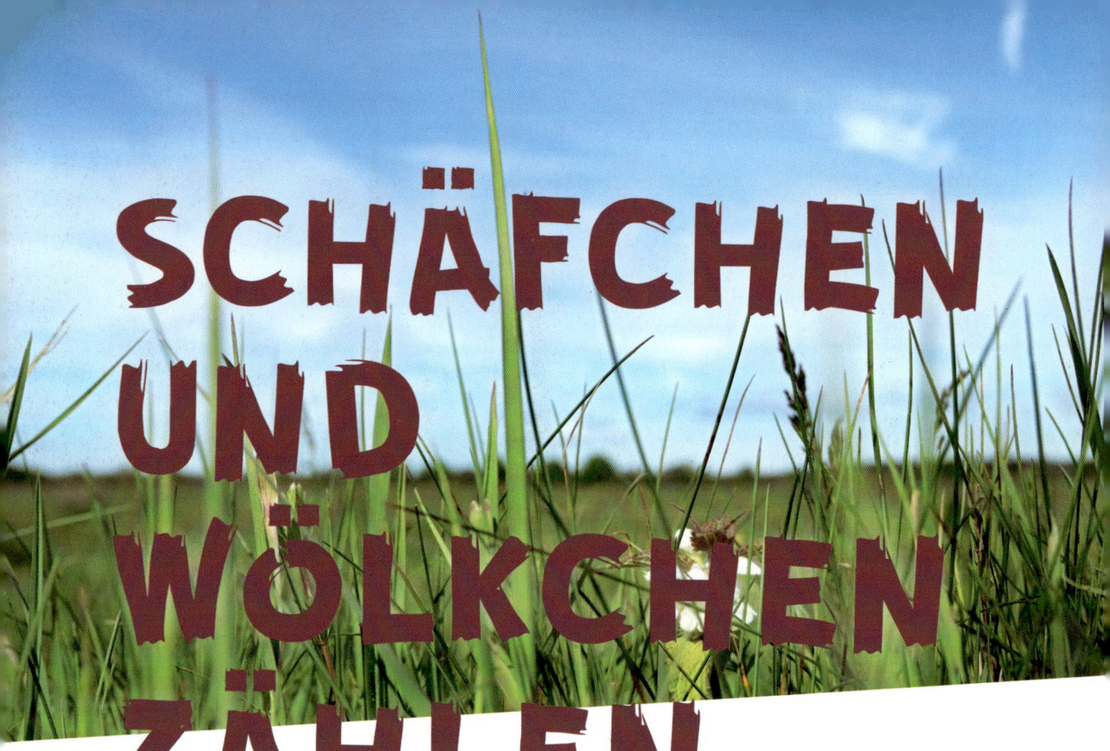

SCHÄFCHEN UND WÖLKCHEN ZÄHLEN

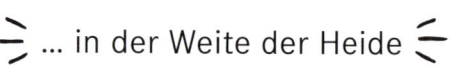

… in der Weite der Heide

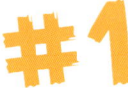

#1

Es wird gemunkelt, auch in München gäbe es mehr als nur eine Himmelsrichtung, die man erkunden kann. Vergessen wir doch daher einfach mal den Süden der Stadt und schauen uns zur Abwechslung mal im Norden um.

#Schafe #Naturschutzgebiet #Heide #Kiefern #Himmel&Wolken

VIP-Service zur Tagesweide:
Hirte Georgi trägt ein gerade erst
wenige Stunden altes Lamm.

Zwischen Garching, Eching und Unterschleißheim liegt das Naturschutzgebiet
Mallertshofer Holz mit Heiden, das von der
A9 und der Staatsstraße 2053 in die Zange
genommen wird – so sieht es jedenfalls bei
einem flüchtigen Blick auf die Karte aus.

An Ort und Stelle entdeckt man dann: Weite
pur! Zumindest für Großstadtverhältnisse. In
jedem Fall so, als wäre Oberbayern seiner
Berge überdrüssig und wolle hier ein wenig
auf Norddeutschland machen. Mit offener

Heide, die eher an Schleswig-Holstein denken lässt; mit Böden, die der märkischen
Sandbüchse durchaus Konkurrenz machen
könnten. Klar, Kiefern wachsen hier auch:
kleine und große. Verkrüppelte, die sich hinter Büschen verstecken, und schlanke, die in
den Himmel ragen.

Und dann sind da noch die Schafe. Sie haben
auf den mageren Böden die Landschafts-
pflege übernommen. Drei Herden, die immer
dort antreten, wo sie gerade am dringendsten

Große Schafweiden, offene Kiesflächen, Heidewiesen und lichte Kiefernwälder wechseln sich hier im Norden ab.

gebraucht werden, um die Gräser kurz zu halten. Ohne die vierbeinigen Landschaftspfleger würde alles ganz schnell überwuchern und zuwachsen.

Am besten lässt sich die Weite erspüren, wenn man sich von der U-Bahn in Garching-Hochbrück über die Fußgängerbrücke im Südosten an die Heide herantastet. Es geht Richtung Mallertshofer See, in dessen Nähe noch das Kirchlein St. Martin steht – ein heute romantisch eingewachsenes Überbleibsel des alten Weilers Mallertshofen. Von dort kurz zurück, bis links ein Weg in den Wald hinein nach Norden abzweigt. Diesem Weg rund um das Mallertshofer Holz lässt sich einfach in einer großen Runde folgen, zurück Richtung Garching. Oder man geht immer weiter nach Norden und steigt in Eching in die S-Bahn.

Variante Nummer drei ist, dem Heidepfad zu folgen. Dessen Verlauf ist aber leider nicht vor Ort ausgeschildert, deshalb vorher auf der Website des Heideflächenverbandes nachschauen (www.heideflaechenverein.de). Anschließend kann man noch entweder ein wenig am Mallertshofer See sitzen oder in den Hollerner See springen. Aber das ist dann schon wieder eine ganz andere Geschichte.

Besonders beeindruckend kommt die Heide übrigens bei Wetterwechseln daher – wenn die Gewitterwolken anrücken zum Beispiel. So platt wie das Land hier ist, sieht man ja alles schon von ganz weit weg ankommen. Oder aber später, nach dem großen Regen, wenn die Luft frisch und klar ist. Dann lassen sich auch ganz entspannt Schäfchen und Wölkchen zählen.

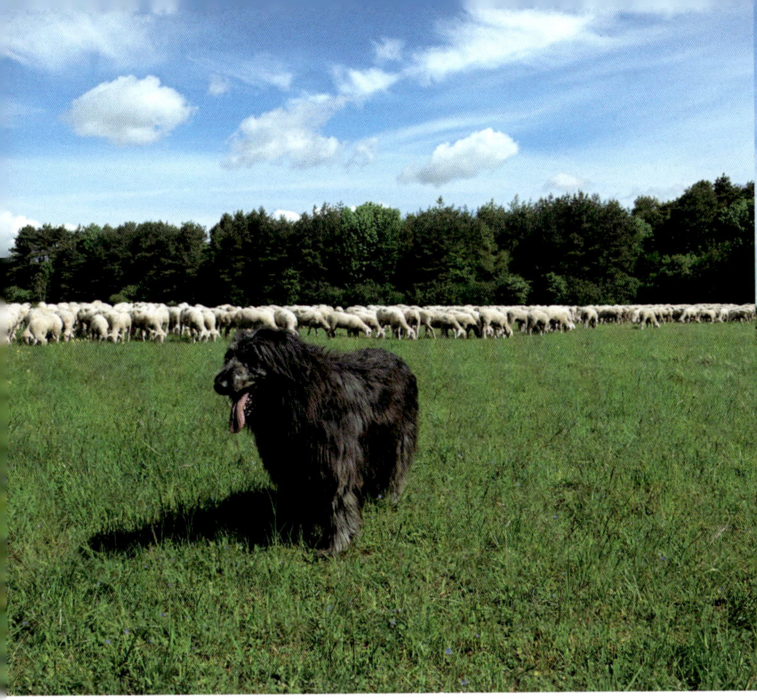

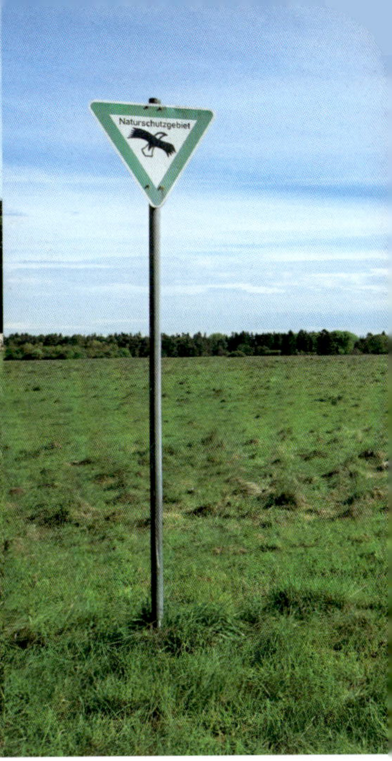

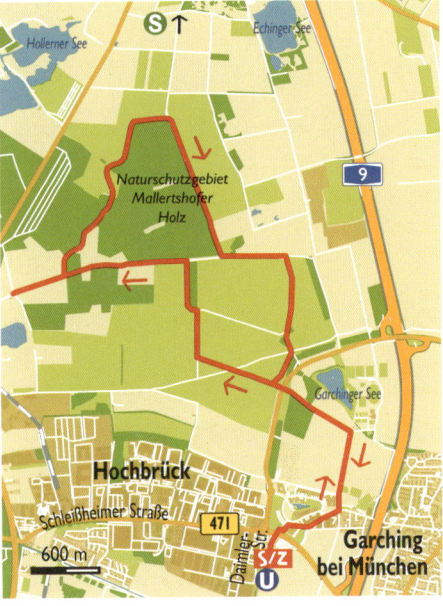

Typische Landschaftspfleger? Fühlen sich draußen wohl und haben ein dickes Fell, das sie vor Wind und Wetter schützt.

FAZIT: NICHT TOP SECRET, ABER IN JEDEM FALL ABSEITS DER GÄNGIGEN STANDARD-ROUTEN RUND UM MÜNCHEN. FÜR ALLE, DIE DAS PLATTE-LAND-WEH PLAGT.

Hin & Weg: U6 bis Garching-Hochbrück, zurück evtl. S1 ab Eching.

Dauer & Strecke: 3–4 Std. oder so weit die Füße tragen; Rundtour ca. 12,5 km.

Beste Zeit: April/Mai oder Herbst. An sonnigen Sommertagen kann es (sehr) heiß werden.

Ausrüstung: Sonnenbrille und Wasserflasche.

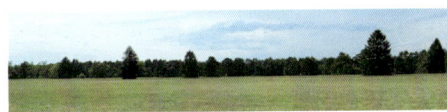

LUST- WANDELN MIT APFEL

 ... im Schlosspark Schleißheim

Wem am Sonntagnachmittag ein Stadt-spaziergang schlichtweg zu schnöde ist, dem sei das Lustwandeln vor den Toren der Stadt, am Schloss Schleißheim, empfohlen. Eine Auszeit, so aus der Zeit gefallen wie einfach nur großartig.

#Schloss #Barockgarten #Obst #Blumenparterre #Lustwandeln

Es sind nur ein paar Schritte um das Neue Schloss in Schleißheim herum, durch das große Eisengittertor hindurch. Und sofort passiert es: Der Schritt verlangsamt sich, aus »gehen« wird »schreiten«, aus »spazieren« wird »flanieren« – das reinste Lustwandeln hinter hohen Backstein-Gartenmauern.

Dass vor den Toren der Stadt eines der schönsten Schlösser Bayerns liegt, übersehen selbst eingefleischte Münchner nur allzu oft. Dabei ließ Kurfürst Max Emanuel, der sich einst als Feldherr in der Schlacht um Wien einen Namen machte, in Schleißheim Anfang des 18. Jahrhunderts eine riesige Schlossanlage erbauen, die nach seiner Vorstellung das Neue Versailles werden sollte. Der spanische Erbfolgekrieg, das langjährige französische Exil des Kurfürsten und finanzielle Engpässe

verhinderten diese großspurigen Pläne zwar, pompös ist die Architektur dennoch.

Prächtig auch die Parkanlage, die zu den bedeutendsten europäischen Barockgärten zählt. Wo, wenn nicht hier, ließe sich im Lustwandeln schwelgen? Blick und Schritt verlieren sich zunächst einmal zwischen den Hunderttausenden von Blüten des barock-akkurat gesetzten Blumenparterres, später dann in den Laubengängen der Bosketten.

Wo früher kleine Freiluft-Konzerte und -Schauspiele aufgeführt wurden, lässt sich heute ganz entspannt nach einer großen Runde durch den Park auf eine Bank setzen, die Beine austrecken und den eleganten Akrobatikeinlagen der Eichhörnchen zusehen. Genau genommen besteht der Schlosspark

15

Schleißheim ganz barock: Blumenparterre und Boskette.

Schleißheim aus mehreren Gärten. Da sind zum einen der Barockgarten und der Landschaftspark. Und da wäre noch, auf der anderen Seite des Nördlichen Schlosskanals, der historische Obstgarten.

Denn in Schloss Schleißheim zelebrierte man nicht nur das prunkvolle Hofleben. Seit der Renaissance war die Schlossanlage auch Modellgut, wo Ackerbau und Viehzucht betrieben wurden. Unter anderem erforschte und entwickelte man hier die neuesten landwirtschaftlichen Methoden.

Noch heute stehen hier um die 400 Obstbäume – Äpfel, Birnen, Zwetschgen und Quitten. Im Frühling unbedingt an dem Kanal entlanggehen, denn dann dringt das Summen und Brummen der Bienen von den Streuobstwiesen herüber. Später, im Sommer und Herbst, reifen alte Obstsorten mit klangvollen Namen wie »Bellissime d'automne«, die »Schönste Herbstbirne« oder »Damasonrenette«, ein wohlschmeckender »Lederapfel« mit rauer Schale, heran. So ungespritzt, wie sie sind, so unvorteilhaft sehen sie mitunter aus. Aber der Geschmack!

Diese und andere alte Apfelsorten lassen sich nach der Schlosspark-Runde auch im »Blauen Kurfürst-Laderl« kaufen. Denn nach dem Lustwandeln kommt Lustspeisen.

FAZIT: EINMAL LUSTWANDELN, IMMER WIEDER LUSTWANDELN. DIESES LASTER WIRD MAN NICHT MEHR LOS.

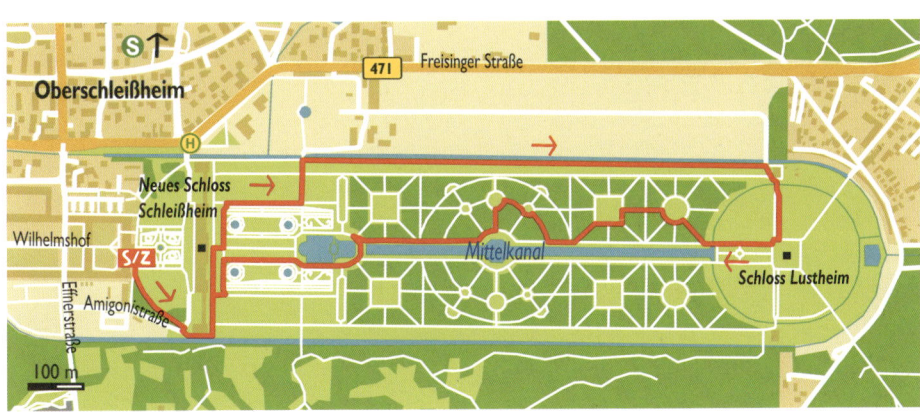

Hin & Weg: S1 bis Oberschleißheim. Von dort ein 15-minütiger Spaziergang oder mit dem Bus 292 bzw. 295 bis Haltestelle Schloss.

Dauer & Strecke: 2 Std., ca. 3,5 km.

Beste Zeit: Im Frühling einen Blick auf die prächtige Obstblüte erhaschen, im Sommer dem Blumenzauber des Barockparterre erliegen.

Ausrüstung: Etwas Muße.

IM SONNEN-UNTERGANG VERSINKEN

... auf dem Fröttmaninger Berg

Sonnenuntergang? Geht immer! Ob zum Fotografieren oder einfach nur zum Gucken. Am besten natürlich von einem leicht erhöhten Punkt. Des Überblicks wegen – und weil man der Sonne so besonders lang beim Versinken hinter dem Horizont zuschauen kann.

Es war einmal eine Münchner Mülldeponie ...
Nein, jetzt nicht gleich die Nase rümpfen und
abwinken. Denn auf den Fröttmaninger Berg
darf man ruhig mal hinaufhüpfen. Obwohl –
oder vielleicht vor allem weil – man ihn für
gewöhnlich nur vom Vorbeirauschen auf der
Autobahn kennt. Die Sache ist nämlich die:
Auf dem Berg lassen sich Sonnenuntergänge
besonders lange beobachten. Der Blick nach
Westen, über die Fröttmaninger Heide und die
Ausläufer der Stadt, verfängt sich schließlich
erst ganz, ganz weit am Horizont in einer
kleinen Hügelkette. Und genau dort geht die
Sonne unter. Bei passendem Wetter kann das
ein recht ausgiebiges Spektakel werden.

Während die Sonnenstrahlen schon alles
mit einem warmen Goldton überziehen, ist
der Anstieg auf den Fröttmaninger Berg am
besten von der Westseite her zu empfehlen –
dort, wo eine Fußgängerbrücke von der Allianz Arena über die Autobahn führt. Ein paar
Meter weiter kommt gleich eine kleine Kirche
in den Blick, die von dem Berg halb verschüt-
tet zu sein scheint. Mit dieser hat es eine ganz
besondere Bewandtnis: Sie ist der Doppel-
gänger des ältesten Münchner Gotteshauses,
der Heilig-Kreuz-Kirche, deren Kirchturm und
weiß-ockerfarbenen Wände ein Stück weiter
nördlich zwischen den Bäumen herauslugt.

***

Hin & Weg: U6 bis Fröttmaning (Allianz Arena) oder
Bus 181 bis Wallnerstraße. Alternativ auch fix mit
dem Rad.

Dauer & Strecke: 1,5-2 Std. inkl. Fußweg von der
U-Bahn-Haltestelle; ca. 4,5 km.

Beste Zeit: Ganzjährig, besonders spektakulär bei
einzelnen Wolken am Himmel.

Ausrüstung: Eine Kamera schadet nicht.

Dort, wo heute der Fröttmaninger Berg
75 Meter in die Höhe ragt, lebten über viele
Jahrhunderte die Bauern des Weilers Frött-
maning auf drei Höfen. In den 1950ern kaufte
die Stadt die Höfe, riss sie ab und machte so
Platz für den Bau von Autobahnen, Klärwerk
und Mülldeponie. Dass den Müllbergen der
Stadt nicht auch die romanische Heilig-Kreuz-
Kirche weichen musste, ist auf die Proteste
Freimanner Bürger zurückzuführen.

Als im Vorfeld der Fußballweltmeisterschaft
2006 dann die Allianz Arena entstand, wurde
vis-à-vis für die gleichzeitig stillgelegte und
begrünte Deponie, die seither Fröttmaninger
Berg heißt, ein Künstlerwettbewerb ausge-
schrieben. Die Installation »Das versunkene
Dorf« von Timm Ulrichs gewann. Und so schaut
jetzt eine Beton-Replika des alten Kirchleins
im Maßstab 1:1 aus dem Berg. Der Künstler
versteht sie als »Verlustanzeige« und erinnert
mit ihr an das Schicksal von Fröttmaning.

Während man hinter der Kirchen-Installation
steht, um weiter zum Windrad auf dem Berg
hinaufzustapfen, hat man den vielleicht im-
posantesten Blick hinüber zur Allianz-Arena.
Später, oben am Windrad, tut sich ein ziemlich
außergewöhnliches Panorama von München
auf: Man schaut von Norden her über die gesamte Stadt, die dank Englischem Garten aus
dieser Perspektive besonders grün scheint.
Olympiaberg und Luitpoldhügel – ebenfalls
künstlich als Schuttberge entstanden – ragen
zwischen den wenigen Hochhäusern aus der
Münchner Skyline hervor, und hinter der
Stadt sind bei Föhnwetter die Alpengipfel
zum Greifen nah.

FAZIT: KURZ UND GUT. RAUF AUF DEN
BERG, SCHAUEN, RUNTER VOM BERG. NEUE
STADT-PERSPEKTIVEN INKLUSIVE.

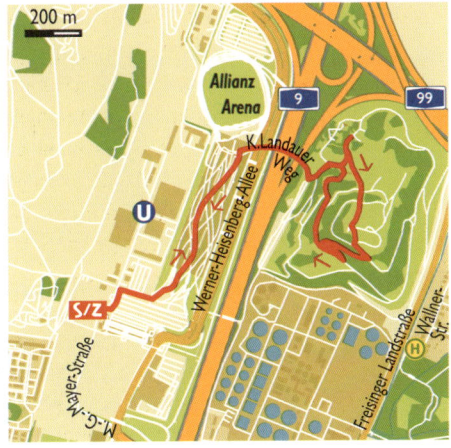

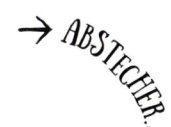

EINFACH MAL ABHÄNGEN

 … im DAV Kletter- und Boulderzentrum Thalkirchen

 **#4**

Was könnte es im Frühling Herrlicheres geben, als an einer geschützten Südwand zu sitzen und sich von den ersten wärmenden Sonnenstrahlen verwöhnen zu lassen? Klar: Sich genau dort ein bisschen bewegen. Also die Arme gestreckt, die bunten Griffe gefasst und … losgebouldert.

Das Kletter- und Boulderzentrum in Thalkirchen hat die wahrscheinlich genialste nach Süden ausgerichtete Wand in ganz München. Mitten in der Stadt, geschützt und mit Blick ins Grüne kann man an der Outdoor-Boulderwand prima die eine oder andere Stunde abhängen. Obwohl, »abhängen« trifft es nicht ganz.

Um möglichst elegant und fließend durch die Routen zu kommen, ist eine ganze Portion Körperspannung gefragt. Genau die lässt sich hier trainieren. Genauso wie die Kraft in den Armen, die spätestens beim Herumklettern in etwas schwierigeren Routen nicht schadet.

Bouldern – noch dazu an der frischen Luft – hat durchaus etwas Meditativ-Entspannendes, der Alltag ist ruckzuck vergessen.

Denn beim Bouldern steht man, ähnlich wie beim Klettern, gleich vor einer ganzen Reihe faszinierender Aufgaben: sich an großen und kleinen Griffen und Tritten festhalten, aufstützen, entlanghangeln. Wagnisse eingehen, Herausforderungen bestehen, Bewegungsrätsel lösen. Vor allem aber bringt es

Hin & Weg: U3, Haltestelle Brudermühlstraße oder Thalkirchen.

Dauer: 1–2 Std. Kaum länger, da irgendwann die Arme schlapp machen …

Beste Zeit: März bis September (ganzjährig indoor).

Ausrüstung: Kletterschuhe (vor Ort ausleihbar), Wasserflasche.

Übrigens: Für Anfänger gibt es mehrmals in der Woche einen Rundgang samt kostenloser Einführung ins Bouldern (www.kbthalkirchen.de).

Welche Route soll's denn sein? »Das große Isarrauschen« oder doch lieber »Flügellahm im frühen Stadium«?

Spaß. Allein, zu zweit und in der Gruppe. Besonders attraktiv: Anders als beim eigentlichen Klettern sind beim Bouldern weder Seil noch Gurt notwendig. Das Klettern auf Absprunghöhe birgt außerdem kaum Gefahren, denn wenn man fällt, landet man weich auf den dicken Schaumstoffmatten. Kurz verschnauft wird am Mattenrand oder auf der Bank. Von hier hat man auch bestens die bunten Griffe weiter im Blick, kann die Bewegungsabläufe der anderen Boulderer gut beobachten. Schließlich will man diese kniffige Stelle beim nächsten Mal auch schaffen ...

Es lohnt sich, ein bisschen mehr Zeit mitzubringen, um anschließend in gemütlicher Runde ein wenig über das Bouldern und über den Sinn des Leben zu philosophieren – ganz outdoor-like natürlich auf der Dachterrasse!

FAZIT: PERFEKT, UM MAL KURZ ABZUHÄNGEN UND AN DIE GRENZE DES (SUBJEKTIV) MACHBAREN ZU GEHEN.

LAND
SCHAFT
LESEN

 ... auf Spurensuche entlang der Feldkirchner Tangente

 **#5**

Warum nicht mal abseits ausgetretener Pfade durch die Landschaft streifen? Das beschert außergewöhnliche Einblicke in die Heimat. Also einfach vor die Haustür treten und ein bisschen genauer darauf achten, was dort entsteht oder auch wieder zuwuchert. Etwa im Münchner Nordosten ...

#alteGleise #Geschichte #Industrie #Bahn #ZweiterWeltkrieg

Lost places: Am nordöstlichen Stadtrand finden sich noch Reste einer alten Eisenbahnstrecke.

Für Ausflüge in die Umgebung gibt es ja allerlei Anlässe: Oft genug erzählen Freunde, dass da und dort etwas ganz besonders Schönes oder Spektakuläres zu sehen wäre. Dann wiederum spazieren oder radeln wir durch die Lande, steigen auf einen Berg oder schwimmen durch einen See – ganz einfach, weil uns diese Aktivität in der Natur Freude bringt.

Manchmal aber ist es auch einfach ein Blick in die Karte. Je genauer man hinschaut, desto mehr Fragen stellen sich: Was genau hat diese oder jene Markierung zu bedeuten? Oder ganz konkret: Was ist diese eigenartige Verbindungslinie zwischen Feldkirchen und Johanneskirchen? Nach ein bisschen mehr Recherche ist dann der nächste kleine Ausflug auch schon geplant – und man bricht auf zur Feldkirchner Tangente. Es ist ein zugegebenermaßen etwas außergewöhnliches Miniabenteuer, denn der gut sieben Kilometer lange Weg führt an Relikten entlang, die schon längst keine Aufgabe mehr haben:

In den 1930er-Jahren sollte München als nationalsozialistische »Hauptstadt der Bewegung« radikal umgestaltet werden. Die Planungen sahen auch die Neugestaltung

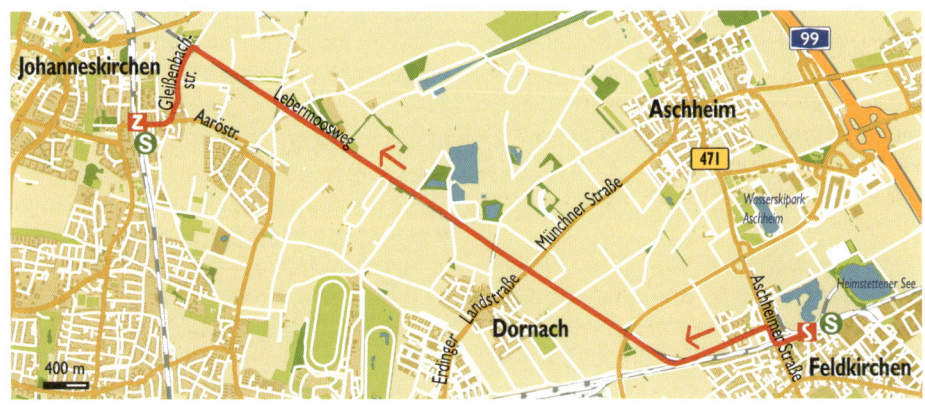

Mal mehr, mal weniger zugewachsen: Die heute funktionslosen Bahnbrücken über Sträßchen und Bächlein.

des Hauptbahnhofs vor; damit einhergehend sollten Güterzüge in einen neuen Nordring und an der Stadt vorbeigeleitet werden. Als Teil dieses Ausbaus entstand die sogenannte Feldkirchner Tangente, die 1941 in Betrieb genommen wurde und die Verbindung zur Bahnstrecke München-Mühldorf war. Da die innerstädtischen Bahnstrecken im Zweiten Weltkrieg vielfach bombardiert wurden, entwickelte sich der Nordring und mit ihm die

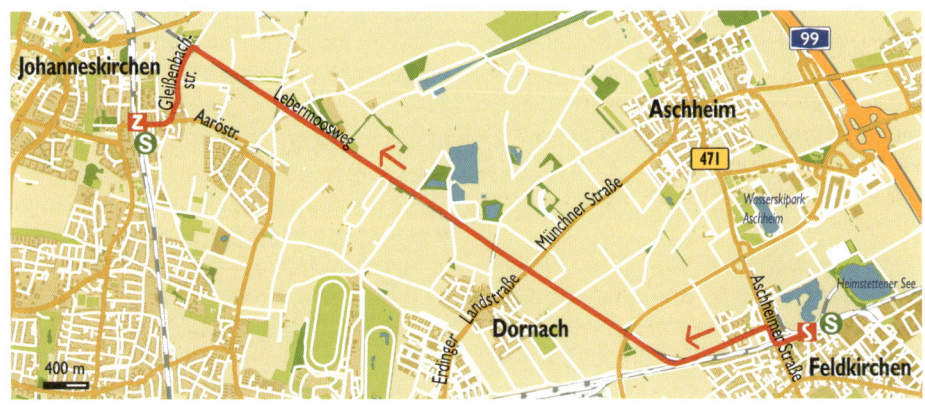

Vor allem Anrainer - Jogger, Spaziergänger und Hundehalter - sorgen für kleine Trampelpfade nahe dem Gleisbett.

Feldkirchner Tangente schnell zur wichtigen Lebensader für die Stadt. Das währte allerdings nicht lang: Als kurz vor Kriegsende im April 1945 die Bahnbrücke bei Unterföhring über die Isar gesprengt wurde, legte das auch die Feldkirchner Tangente still, und die Gleise waren in den folgenden Jahren schnell wieder abgebaut. Übrig geblieben sind der Bahndamm und die jetzt funktionslosen, seit Jahrzehnten zunehmend überwucherten Brücken.

Wer mit der S-Bahn am Feldkirchner Bahnhof einfährt und genau hinschaut, kann nördlich der Gleisanlagen sogar noch heute ein Stück der ehemaligen Feldkirchner Tangente erkennen. Um ihrem weiteren Verlauf zu folgen, geht es vom Bahnhof über den Parkplatz, unter der Bahnunterführung hindurch, und dann, nördlich der Gleise, in die Dornacher Straße hinein. Aus der Straße wird ein Feldweg, und der erreicht nach etwa 500 Metern das Schotterbett des ehemaligen Bahndamms, der hier noch grabenartig durch die Felder führt. Jetzt nicht direkt auf den groben Gleisschotter nach rechts abbiegen, sondern ein paar Meter weiter hinter einem großen Busch den Pfad nehmen. Über gut sieben Kilometer geht es nun, hin und wieder versetzt, direkt an dem Schotterbett entlang. Manchmal quert man kurz die fast schwarzen scharfkantigen Steine – für 200 Meter verschwindet der Pfad sogar im Unterholz, was etwas ruppig werden kann.

Ein Ausflug an den (noch) landwirtschaftlich geprägten nordöstlichen Stadtrand von München und eine Eskapade der anderen Art. Versprochen.

FAZIT: BELOHNT WIRD MAN AUF DIESER STRECKE MIT FOTOMOTIVEN ALTER INFRASTRUKTUR, DIE AUCH EIN QUÄNTCHEN MÜNCHNER WELTKRIEGS-GESCHICHTE ERZÄHLEN.

Hin & Weg: Start an der S2 Feldkirchen, endet an der S8 Johanneskirchen.

Dauer & Strecke: 2 Std., ca. 9 km.

Beste Zeit: Frühling oder Herbst. Im Hochsommer mitunter teils stark zugewuchert.

Ausrüstung: Feste Schuhe. Besonders im Sommer: Wasserflasche einpacken.

ALPINES MUSEUM

nach
Steinberg
D. u. Oe. Alpenverein, Sekt. München

Innerberg - Kaiserhaus -
Valepp - Brandenberg -
Rattenberg

J. S. München

ZWISCHEN ISAR UND HÖLLE

 ... Berglust im Alpinen Museum

 **#6**

In einer kleinen Auszeit schwelgen. Mitten in München. Vor einer Berghütte ... Was paradox klingt, ist seit 2017 im Garten des Alpinen Museums entspannte Wirklichkeit. Dort hat nämlich die alte Höllentalanger-hütte ihr neues Zuhause gefunden.

Originalgetreu rekonstruiert: Im einfachen Lager und am Ofen entführen Hörstationen ins Höllental.

dem lockt das Museumscafé »Isarlust« mit Kuchen vom Ruffini, Bier vom Giesinger Bräu und deftigen Alpen-Schmankerln.

Seit einiger Zeit nun mausert sich auch der Garten des Alpinen Museums zu einer wahren Fundgrube alpiner Geschichte: Seit 1996 sitzt Der Wanderer dort. Die lebensgroße Skulptur von Michael Friedrichsen studiert eine Karte. Ein Stück weiter durch den abschüssigen, rundum eingewachsenen Garten steht seit 2012 das »Grathütterl«, die alte Biwakschachtel, die bis dahin auf 2 684 Metern Höhe Alpinisten als Notunterkunft am Jubiläumsgrat diente.

Fünf Jahre später kam die »Hölle« im Museumsgarten dazu, das sechs auf sieben Meter kleine Blockhaus, das im Höllental seit Ende des 19. Jahrhunderts bei Tagesausflüglern, Wanderern und Bergsteigern derartige Beliebtheit erlangte, dass man es über die Jahrzehnte mehrfach erweiterte. Als die in die Jahre gekommene Höllentalangerhütte abgerissen, komplett neu gedacht und wiedererrichtet wurde, war die Chance gekommen, den Ur-Kern des Hauses freizulegen, auf die Praterinsel abzutransportieren und dort mit restauriertem Charme den Besuchern zu zeigen.

Man braucht nun wirklich kein Wanderer oder Bergsteiger sein, um seinen Fuß in den Garten des Alpinen Museums zu setzen. Es reicht voll und ganz, Lust auf ein Stück Kuchen zu haben, etwas trinken zu wollen, oder einfach mal kurz abschalten zu müssen.

Dass sich Besucher des Gartens mitunter dann doch ganz nebenbei aus dem städtischen Leben in die Bergwelt entführt fühlen, liegt in der Natur der Dinge: Das Alpine Museum wurde 1911 auf der Praterinsel eröffnet. Über kleine Brücken und Stege zu erreichen, widmet es sich seither – mit einer kriegsbedingten langen Pause – der Geschichte des Alpinismus. Im Haus kann man darüber hinaus in dem riesigen Bestand der weltweit größten alpinen Spezialbibliothek stöbern. 70 000 Medien umfasst er – Bücher, Karten und Zeitschriften. Außer-

Ein Blick in die Hölle gefällig? Im Erdgeschoss empfängt ein Aufenthaltsraum mit Esstisch, Ofen und Matratzenlager. Etwas versteckt, auf der Hüttenrückseite, führt eine steile Holztreppe auch noch unter das Dach, in das einfache Heulager der Bergführer. Und selbstverständlich lässt sich bei der kleinen Auszeit am Alpinen Museum auch hervorragend der nächste Ausflug in die Berge planen ...

Alpingeschichte kompakt und mitten in der Stadt: Die »Ur-Hölle« und das alte Jubiläumsgrat-Biwak.

FAZIT: ISARLUST TRIFFT BERGLUST – WER SICH NICHT FÜR DAS EINE ODER DAS ANDERE LEBENSGEFÜHL ENTSCHEIDEN MAG, WÄHLT HIER EINFACH BEIDE.

Hin & Weg: Am besten radeln. Oder mit Bus oder S-Bahn zur Haltestelle Isartor bzw. U-Bahn bis Lehel.

Dauer: Ein Päuschen. Oder ein bisschen mehr …

Beste Zeit: Zwischen Mai und September, Öffnungszeiten auf www.alpenverein.de/Kultur/Museum.

Ausrüstung: Einfach hingehen – ganz gleich, ob in Bergkluft oder Business-Klamotte.

GRÜNES GLÜCK

 ... Abtauchen in die Ickinger Wildkräuterwelt

#7

Wildkräuter sind ein Geschenk der Natur! Schon im Pflücken ausgewählter Pflanzen schwingt ein Glücksgefühl mit. Und später, beim Zubereiten und Genießen, lösen die neuen, aufregenden Aromen der Wildpflanzen wahre Begeisterungsstürme aus.

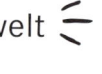

#Wildkräuter #Salat #Smoothie #Natur #Genuss

→ ABSTECHER...

Wildkräuter, das Superfood aus der Heimat. Dazu passt No-knead-Bread mit Frischkäse-Aufstrich.

In die S-Bahn gesetzt, und ein paar Stationen später in Icking wieder ausgestiegen. Kurz Richtung Isarweg hinuntergeschlendert, nach ein paar Metern mitten im Grün gestanden und dabei schon mal die Frühlingssonne getankt. Wenig später an der Isar diese ersten, echten Frühlingsmomente aufgesaugt – so weit, so normal.

Die ersten Frühlingswochen sind ein ziemlich perfekter Moment, um in die Natur zu gehen und das junge, frische Grün zu genießen – rein visuell. Aber es lohnt sich auch ein näherer Blick, denn überall sprießen essbare Wildkräuter. Wildkräuter sind ein Superfood aus der Heimat! Genau genommen wachsen die kleinen Delikatessen vor jeder Haustür; sie gedeihen überall an Wald-, Weg- und Wiesenrändern. Und tatsächlich ist der Start ins

Wildkräutersammeln einfacher, als man denken mag. Denn Löwenzahn und Gänseblümchen, Brennnessel und Klee weiß jedes Kind zu benennen. Auch auf dem Isarspaziergang finden sie sich natürlich überall. Das Beste: Allein schon diese vier alten Bekannten machen sich allesamt schmackhaft und dekorativ, um die verschiedensten Speisen zu verfeinern.

Mit anderen Wildkräutern kann man sich recht schnell vertun. Wie zum Beispiel mit dem Bärlauch, der hervorragend für Pesto geeignet ist; dessen Blätter auf den ersten Blick aber schnell mit denen von giftigen Maiglöckchen oder auch von der Herbstzeitlosen zu verwechseln sind und daher ein genaueres Hinsehen erfordern. Früher oder später wird daher jeder, der sich mit Wild-

35

So schmecken Wildkräuter am allerbesten: Frisch gesammelt und sofort verarbeitet.

kräutern beschäftigt, eine Wildpflanzenexpertin wie Caroline Deiss konsultieren wollen (www.kräuterwanderungen-münchen.de, neben Icking weitere verschiedene Ziele in München und im Umland).

Mädesüß und Wiesenschaumkraut, Kornelkirsche und Gundermann ... angeleitet lernt man nicht nur sehr zügig eine noch größere Zahl wild wachsender Salatpflanzen, Beerensträucher und Bäume sicher erkennen. Es gibt auch tolle Zubereitungstipps für Salate und Suppen oder Limonaden und Aufstriche – allesamt erste einfache Rezepte, die jeder in wenigen Minuten zubereiten kann.

Ganz egal, ob allein oder geführt unterwegs – Wildkräutersammeln kann süchtig machen: Wer sie erst einmal in einem Salat, in einem Smoothie oder in anderen Speisen verwendet hat, wird nicht mehr auf den Geschmack verzichten wollen. Und auch nicht auf dieses Gefühl von Ursprünglichkeit beim Sammeln und von Sinnlichkeit beim Essen.

Der besondere Frühsommer-Tipp für ein einzigartiges Aroma: Die weißen, nach Honig und Mandel duftenden Blütenstän-

Hin & Weg: S7 bis Icking.

Dauer & Strecke: 1,5–2-stündige Runde um den Ickinger Stausee, ca. 5,5 km. Als Führung etwa 3 Std. bei kürzerer Wegstrecke.

Beste Zeit: Von März bis Dezember.

Ausrüstung: Eine Tüte, kleine Schere, Bestimmungsbuch.

de des Mädesüß im Ganzen über Nacht in süßer Sahne ruhen lassen. Danach Blüten herausnehmen und die Sahne schlagen. Die Sahne auf frischen Erdbeeren servieren - einfach betörend!

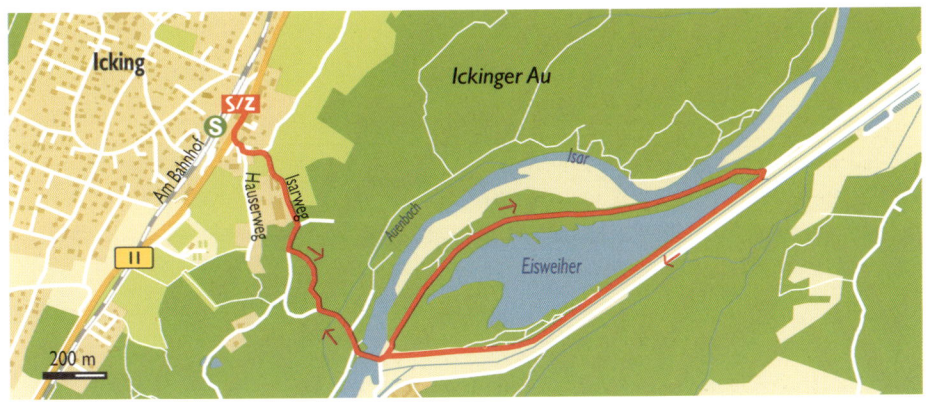

DAS SÜBE NICHTSTUN

… am Freibadbächl in der Isaranlage

#8

Wahrscheinlich ist es ein Ding der Unmöglichkeit: an einem dieser ersten richtig heißen Tage in der Stadt am Freibadbächl zu sitzen, ohne früher oder später die Schuhe abzustreifen und die Füße in das verspielt um die Kurve kommende Nass zu halten.

Sanft umfließt das knöcheltiefe Wasser die Füße. Im ersten Augenblick fühlt es sich kühl, fast eisig an und verrät so seine Herkunft: Das Wasser des Freibadbächl ist über den Auer Mühlbach von der Isar abgezapft und kommt direkt aus dem Gebirge gesprudelt. Doch einen kurzen Moment später ist das Gefühl an den Füßen nur noch eins: herrlich erfrischend!

Die einen oder anderen Blätter, Grashalme und weitere Mini-Mitbringsel des ansonsten glasklaren Bächleins werden von dem zahmen Dahinströmen des Wassers getragen. An dem Baumstamm, der quer zur Fließrichtung liegt, verwirbelt alles ganz sanft, wechselt die Richtung und verschwindet dahinter im Halbschatten. Dorthin, wo verstreut mitten ins Wasser

drapierte Stühle darauf schließen lassen, dass schon der Vortag in der Baumschule Bischweiler ziemlich sommerlich und lauschig gewesen sein muss.

Dabei lässt der recht sachlich-korrekt daherkommende Name »Städtische Baumschule Bischweiler« erst einmal gar nicht darauf

---

Hin & Weg: U1, U2 oder U7 bis Kolumbusplatz, Metrobus 52 bis Humboldtstraße, Metrobus 58 bis Claude-Lorrain-Straße.

Dauer: 1–2 Std. oder länger.

Beste Zeit: Mitte Mai bis Mitte September.

Ausrüstung: Etwas zu lesen und zu trinken; nach Gusto eine Decke.

Die Baumschule Bischweiler hat sich über die Jahre hinweg zu einem kleinen, feinen Naherholungsgebiet unweit der Isar entwickelt.

schließen, was für wunderbar verträumte Ecken sich auf dem unmittelbar an das Schyrenbad angrenzenden Gelände befinden: An und für sich kultiviert das Baureferat der Stadt München dort Ziergehölze und schaut, welche jeweiligen Pflanzensorten für die Städtischen Beete besonders gut geeignet sind. Das Besondere: Ein Großteil der Baumschule, die sich eher wie ein kleiner Botanischer Garten anfühlt, ist für Besucher kostenlos zugänglich. Der eine schiebt hier eine Yoga-Session ein, der andere schnuppert an den vielen Blüten.

Neben einem Rosengarten sind noch andere Themengärten wie der Duft-, Tast-, Gift- und Fliedergarten angelegt. Mittendrin stehen – versteckt in kleinen Nischen oder mitten auf der Wiese – unzählige Bänke und Stühle. Je nachdem, wie viel Sonne oder Schatten gewünscht ist, kann man die meisten der Stühle verrücken. Wenn es sein soll, eben sogar ins Wasser. Viele Ecken der Gärten sind so ruhig, dass sich auch ganz genussvoll ein Buch lesen lässt. Wer erst spontan Lust zum Lesen bekommt und kein Buch dabeihat, wird vielleicht in der Bücherbox fündig, die neben dem Eingang zum Giftgarten aufgehängt ist. Sie funktioniert als offenes Bücherregal: Einfach ein Buch herausnehmen und darin schmökern oder auch ein ausgelesenes Buch hineinstellen.

Dass man sich in den Gärten selbst an allerheißesten Tagen wunderbar einige Stunden dem süßen Nichtstun hingeben kann, wissen in erster Linie die Anwohner aus der näheren Umgebung; für viele andere gilt das kleine

Refugium als Geheimtipp. Während in den Vormittagsstunden oft Senioren vorbeischauen, genießen an den Nachmittagen auch viele Familien mit kleinen Kindern das Gelände rund um das harmlose Freibadbächl.

Tipp: Eine kurze Stipp-Visite lohnt sich auch beim nächsten Isar-Spaziergang. Dazu rechts der Isar, zwischen Wittelsbacher Brücke und Eisenbahnbrücke durch die kleine, unscheinbare Eingangstür zum Rosengarten schlüpfen.

FAZIT: EIGENTLICH UNGLAUBLICH, DIESES UNAUFGEREGTE REFUGIUM NUR EINEN STEINWURF VOM ISARTRUBEL ZU FINDEN.

PICKNICK MIT BEEREN

... »Der Sündenfall« in der Rothschwaige

#9

»Sind die Erdbeeren schon reif?«, ist die womöglich wichtigste Frage, die sich ab Mitte Mai stellt. Denn rund um die Stadt locken die Felder zu einem Ausflug. Wenn dann noch ein See in der Nähe ist, stehen alle Signale auf eine besonders verführerische Beerenpause.

#Erdbeere #Selberpflücken #Sonne #Picknick #Schokokuchen

Wahrscheinlich müssen manche Selbstverständlichkeiten erst abhanden kommen, bevor man sie wieder zu schätzen weiß. Wie das Erdbeerpflücken. Mit eigener Hand die ersten Früchte der Saison von den niedrigen Pflanzen zu klauben, hat etwas Entspannend-Beglückendes. Zumal, wenn hin und wieder eine der süßen roten Früchte statt in den Korb direkt in den Mund wandert. Das gehört schließlich beim Erdbeerpflücken dazu. Wohl kaum eine andere Frucht ist so mehrheitsfähig – fast jeder mag sie. Und so überrascht es

nicht, dass auch Kinder gerne zum Pflücken mit aufs Feld kommen. Das Beste: Aus dem Münchner Westen und selbst aus der Innenstadt ist es eine überschaubare Radlrunde nach Rothschwaige in den »Beerengarten«. Seinen ganz persönlichen grünen Weg sucht sich am besten jeder selbst. Oder man nimmt das Rad mit in die S-Bahn bis nach Karlsfeld. Von dort kurz die Würm entlang und hinter dem Eichinger Weiher rechts in die Bayernwerkstraße, dann über den Kreisverkehr und links in die Münchner Straße. Nach knapp

Mit dem Rad geht's ganz flink von der Rothschwaige zum ruhigen Waldschwaigsee.

einem Kilometer ist rechts der alte Gutshof, durch den man hindurchradelt und bald zum Feld gelangt. Am Feldrand, am Verkaufsstand von Familie Offenbeck, die schon seit mehr als 100 Jahren und in der 3. Generation die Landwirtschaft in der Rothschwaige führt, könnte man auch einfach ganz frische, bereits gepflückte Beeren mitnehmen. Doch es macht noch viel mehr Spaß, in die mit Stroh geschützten Reihen zu treten und flink selbst ein paar Früchte einzusammeln. Wer keinen Behälter mitgebracht hat, bekommt einen Spankorb.

Die kleinen roten Sündenfälle tragen Namen, die den Sommer verheißen: Lambada, Donna, Clery – Feinschmeckersorten, die es im Laden so selten zu kaufen gibt. Die Erdbeeren auf dem Feld wurden schließlich auf unendlichen Geschmack, nicht auf ewige Transportfähig-

keit gezüchtet. Die Erdbeeren rasch nach der Ernte verzehren, ist eh das geringste Problem. Nur 200 Meter vom Erdbeerfeld in der Rothschwaige entfernt lädt der Karlsfelder See zu einem Picknick ein.

Die ruhigere Alternative ist der Waldschwaigsee. Zu dem kommt man, wenn man bis zur Bayernwerkstraße zurückradelt, dann geradeaus die Bahnunterführung nimmt und

Hin & Weg: Komplett mit dem Rad. Oder erst mit der S2 nach Karlsfeld und von dort losradeln.

Dauer & Strecke: Ab Karlsfeld ca. 12 km und 2-3 Std. Plus Erdbeer-Sammel- und -Nasch-Pause.

Beste Zeit: Zur Erdbeerzeit. Öffnungszeiten auf www.beeren-garten.de.

Ausrüstung: Lieblingskuchen nicht vergessen!

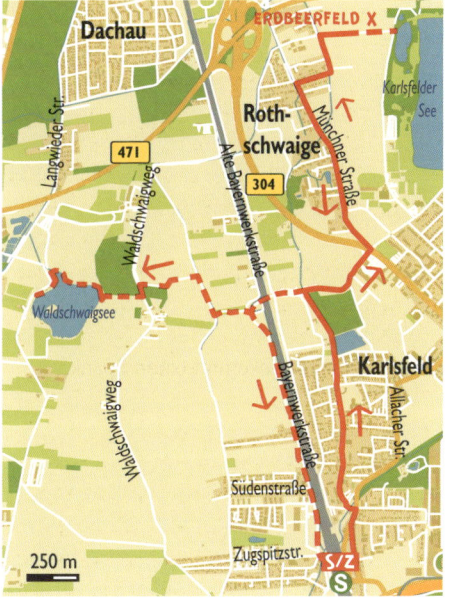

Auf dem Feld kann man schon mal eine Erdbeere naschen. Oder beim anschließenden Picknick.

auf der anderen Seite der regelmäßigen Ausschilderung zum Waldschwaigsee folgt. Das Beerenpicknick darf ruhig zelebriert werden – warum daher nicht gleich das Lieblingsschälchen von daheim mitbringen? Und einen Schokoladenkuchen! Erdbeeren kombiniert mit Schokokuchen machen den Sündenfall schließlich perfekt.

Tipp: Falls die Erdbeerzeit dann doch wieder viel zu schnell rum ist, lässt sich die Beerenpause in der Rothschwaige auch mit Himbeeren, Johannisbeeren und Heidelbeeren genießen.

FAZIT: DIE SCHÖNSTEN SOMMERPAUSEN SIND ROT. ERDBEERROT!

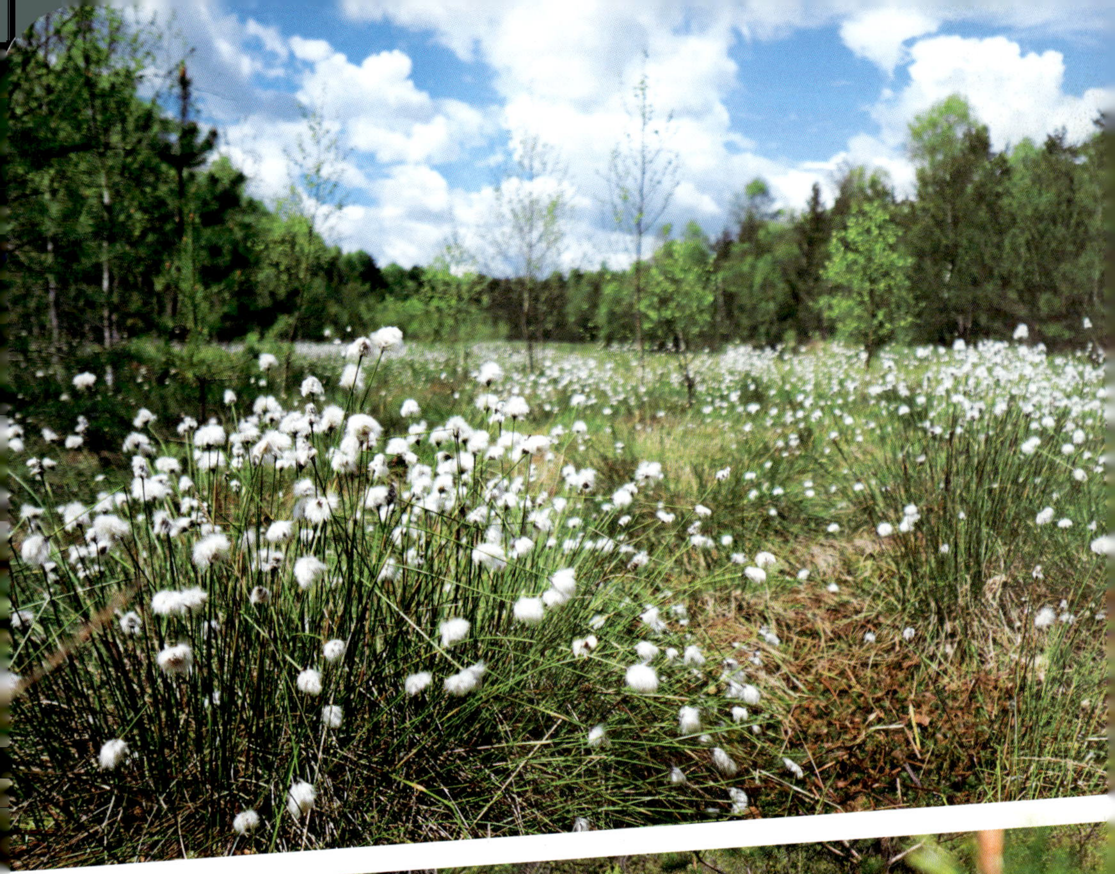
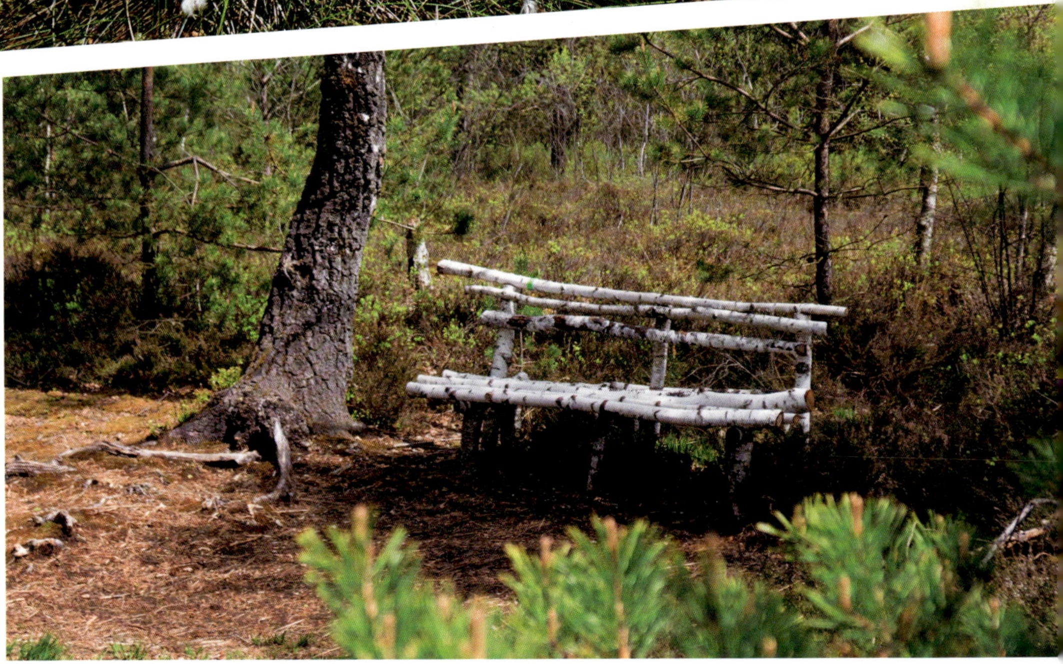

WOLLGRAS- WONNE

⟩ ... mitten im Haspelmoor ⟨

#10

Ein malerischer kleiner See und eine Bank aus grazilen Birkenholzstämmen, abseits der kleinen Landstraße, mitten im Moor versteckt. Zu Beginn des Sommers leuchten rund um sein Ufer weiße Puschel in die Sonne und scheinen im Wind freundlich zu nicken: Wollgras. Was für ein Anblick!

Mit Torf wurden einst Lokomotiven befeuert. Oder Eiskeller isoliert. Seit 1985 steht das Haspelmoor (oben) unter Naturschutz. Das Rote Moos (rechts) wird seit einigen Jahren wieder vernässt.

In der leichten Brise schwingt das Wollgras hin und her. Wer länger davor sitzt, kann nach einiger Zeit schon mal mit den Gedanken in eine andere Welt abdriften. Genau genommen fängt dieses Sich-in-einer-ganz-besonderen-Welt-Fühlen ja schon auf dem Hinweg zum See an: Hier und da schmatzt das Moor leise, wenn man den Fuß auf den Weg setzt; manchmal scheint dieser sogar ein wenig zu schwanken – er fühlt sich weich an und gibt bei jedem Schritt ganz leicht nach. Das verleiht dem Gang etwas Unbeschwertes.

Viele Jahrhunderte waren Moore ja vor allem eines: geheimnisvoll und mystisch, schaurig und todbringend. Lange unerforscht, lange unheimlich. Voller böser Geister. Ort unserer Urangst. Schauergeschichten rankten sich um die Moore. Menschen verschwanden darin und waren nie wieder gesehen. Diese Furcht vor dem Moor wurde von Generation zu Generation weitergegeben. Das Unbehagen hatte erst ein Ende, als die Moore urbar gemacht wurden und man anfing, Torf abzubauen. Im Haspelmoor begann diese Veränderung mit dem Bau der Zug-

Hin & Weg: Nicht mal eine halbe Stunde vom Münchner Hauptbahnhof bis Haspelmoor (MVV-Tarif).

Dauer & Strecke: 2,5 Std. inkl. Ergänzungsrunde durch das Rote Moos, insgesamt ca. 9,5 km.

Beste Zeit: Ganzjährig; besonders toll zum Sommeranfang.

Ausrüstung: Geschlossene Schuhe – einige Wegstellen sind mitunter morastig.

verbindung von München nach Augsburg mitten durch das Moor. Heute ist bekannt, wie wertvoll intakte Moore sind als unglaublich komplexe Lebensräume, in denen Tiere und Pflanzen ein Zuhause finden, die sich perfekt an das Leben zwischen Wasser und Land angepasst haben.

Wie wunderbar, das direkt vor der Haustür anschauen zu können. Vom Bahnhof Haspelmoor geht es zunächst auf einer kleinen Straße Richtung Hörbach ins Moor. Nach etwa 200 Metern steht eine Hinweistafel, auf der sich noch einige Infos nachlesen lassen und der Appell, auf den gekennzeichneten Wegen zu bleiben. Gemeint ist damit der diagonal durch das Moor und dabei über ein paar kleine Brücken führende, etwa ein Meter breite Pfad. Also die kleineren Trampelwege durch das hochsensible Moor aussparen. Nach etwa 600 Metern verzweigt sich der Weg, gekennzeichnet mit je einem roten Pfeil. Links der Abstecher zu dem See, rund um den ganz besonders viel Wollgras wächst. Der nach rechts deutende Pfeil führt weiter bis zur Nordkante des Moores. Von dort dann den Feldweg nach Hörbach nehmen, wo man im Wirtshaus »Zum Sandmeir« recht gut einkehren kann.

Zurück bringt einen die Straße nach Haspelmoor. Wenn noch Zeit ist bis zur Rückfahrt, lässt sich noch eine zweite kleine Runde anschließen: Dazu auf der Nordseite des Bahnhofs ins sogenannte Rote Moos hinein, eine seit 2003 wiedervernässte Niedermoorfläche. Dieses Moos ist deutlich lichter als das Haspelmoor; bis in den Frühsommer hinein quaken Hunderte von Fröschen hier ihr Konzert.

FAZIT: EIN WUNDERBARES KLEINES MOOR DIREKT VOR DER HAUSTÜR!

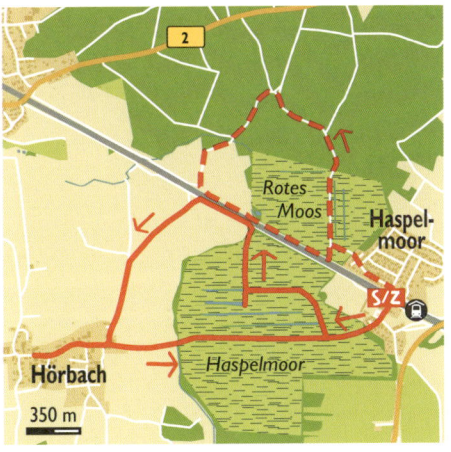

OLYMPISCH RADELN

 ... die unbekannte Seite des Olympiaparks

#11

Stellen wir uns den Münchner Olympiapark
mal als VIP vor. Dann hätten wir da dieses
der Öffentlichkeit geläufige Bild, das
annähernd jeder kennt. Und dann gibt es da
noch die andere, die unbekanntere Seite
zu entdecken, die den Park erst zu dem
macht, was er ist: einfach außergewöhnlich.

Das ehemalige Wohnhäuschen von Väterchen Timofej beherbergt heute ein Museum mit Briefen und Bildern des Eremiten.

Ohne Frage, in der Kürze wird oftmals auf das Wichtigste, Eindrucksvollste reduziert. Beim Olympiapark München etwa auf Dreiklang von Olympiastadion, Olympiaturm und Olympiaberg. Sie sind kompakt beieinander; den einen zu besuchen, ohne den anderen zu sehen, ist ziemlich unwahrscheinlich. Beziehungsweise: Es ist nahezu unmöglich.

Dieser Dreiklang ist, wenn man so will, das öffentliche Bild. Es ist diese offizielle Seite,

die jeder von dem für die Olympischen Sommerspiele 1972 angelegten Park kennt. Eine andere, deutlich unbekanntere Seite lässt sich bei einer Radlrunde entdecken: die Ost-West-Friedenskirche, das Olympische Dorf und der Olympia-S-Bahnhof.

Los geht's auf der Südseite des Olympiaparks, an der Ackermannstraße, von dort aus erst einmal Richtung Tollwood-Gelände. Das Festival-Areal kommt, wenn nicht gerade das

51

Nach der Totalsanierung von Studenten wieder bunt angemalt: die Mini-Häuser im Olympiadorf.

autofreie Wohngebiet eine beliebte Adresse, vor allem auch bei Studenten: Vor den Hochhäusern und Terrassenbauten stehen gut 1000 Bungalows des Studentenwerks. Es sind moderne, etwas verkleinerte Nachbauten der in die Jahre gekommenen und zuletzt energietechnisch durchgefallenen Original-Bungalows. Das enge Wege-Wirrwarr der zweistöckigen Häuschen weckt durchaus Erinnerungen an Sommerabende in mediterranen Gassen.

Ziel Nummer drei der olympischen Radl-Runde ist der stillgelegte Olympia-S-Bahnhof weiter im Westen, der wie der gesamte Olympiapark unter Denkmalschutz steht. Bis 1988 war der Bahnhof in Betrieb; heute marodiert er vor sich hin. Rosmarin-Heideröschen, Zwerg-Mispel und Echter Lavendel haben im Schotter der ehemaligen Gleisbetten die Regie übernommen. Wenn irgendwann alle offenen Fragen zu dieser mitten in München seltsam anmutenden Brachfläche geklärt sind, könnte es für Radler und Spaziergänger von hier aus eine grüne Schneise Richtung Münchner Dreiseenplatte geben. Eine wunderbare Vorstellung. Bis es so weit ist, geht es, mit Kurs auf den Olympiaberg, wieder zurück zum Ausgangspunkt.

große Sommer-Event läuft, ziemlich verwaist daher. Mittendrin das wie eine kleine, grüne Oase wirkende Refugium von Väterchen Timofej. Der russische Eremit baute in den 1950er-Jahren aus dem Münchner Kriegsschutt ein Häuschen und ein Kirchlein, dessen Decke mit Stanniol-Papier ausgekleidet und dessen Wände übervoll mit Ikonen geschmückt sind. Fast hätte der Schwarzbau den Olympischen Spielen weichen müssen. Doch es kam anders und heute ist die Ost-West-Friedenskirche eine Gedenkstätte.

Der zweite Radl-Stopp liegt nördlich des Mittleren Rings: Im Olympischen Dorf lebten im Sommer 1972 Sportler aus aller Welt; von dort nahm auch die alles überschattende Geiselnahme ihren Lauf, die schließlich 17 Menschen das Leben kostete. Heute ist das

Dass dieses Gefühl von Gebirge einsetzt, kommt nicht von ungefähr: Vorbild für die Landschaftsarchitektur des Olympiaparks mit ihrem leicht hügeligen Auf und Ab und den dazwischen mäandernden Wegen war die bayerische Voralpenlandschaft.

Umrankt und umwuchert, mitten in der Stadt: die Ost-West-Friedenskirche (links) und der Olympia-S-Bahnhof (rechts).

Hin & Weg: Direkt mit dem Rad. Alternativ Bus oder Tram bis Infanteriestraße.

Dauer & Strecke: 2–3 Std. fürs Radeln, Schauen und Staunen, ca. 6 km.

Beste Zeit: Ganzjährig; die Ost-West-Friedenskirche ist im Spätsommer & Herbst besonders hübsch eingewachsen.

Ausrüstung: Wer noch spontan ein (zusätzliches) Rad braucht: Mit etwas Glück stehen an der Schwere-Reiter-Straße/Ecke Ackermannstraße auch MVG-Leihräder (Informationen auf www.mvg.de).

AB IN DIE PILZE!

… im Perlacher Forst

#12

Ein feucht-warmer Spätsommermorgen ist ideal, um der Schwammerl-Sammelleidenschaft zu frönen. Schnell rein in die Gummistiefel und mit der Tram zum nahen Wald, um ein paar Stunden später wieder mit einem Korb voller Maronen, Rotkappen und Steinpilze aufzutauchen. Mit einem glückseligen Sammler-Lächeln im Gesicht.

#Pilze #Waldduft #Moos #Sammeleifer #Waldpilzpfanne #Steinpilztagliatelle

Herausdrehen oder abschneiden? Immer wieder sorgt diese Frage für Debatten. Sicher ist: Umsicht walten lassen, dann klappt's auch in den nächsten Jahren mit den Pilzen.

auf dem Boden gerichtet ist, sondern immer auch mal nach oben schweift: Viele Pilze wachsen in sehr enger Gemeinschaft mit ganz bestimmten Bäumen; so steht der Steinpilz oft in der Nähe von Fichten, Eichen oder Buchen. Wo allerdings Brennnesseln oder Springkraut wachsen, wird die Suche nach Steinpilzen erfolglos bleiben. Ist der erste Pilz gefunden, vorsichtig aus dem Boden gedreht und das entstandene Loch wieder mit etwas Erde oder Laub abgedeckt, ist die Sammelleidenschaft so richtig entfacht. Am besten bleibt man dann erst mal stehen, atmet tief durch und schaut sich ganz genau um. Denn: Wo ein Pilz wächst, sind oft noch mehr.

Das In-die-Pilze-Gehen ist vor allem eins: pure Meditation. Von der Betriebsamkeit der Stadt hin zu einem gedankenverlorenen meditativen Durch-die-Wälder-Streifen braucht es dabei häufig kaum mehr als zehn Minuten. Sobald man von der Geiselgasteigstraße und von den großen Forstwegen mit Namen wie Harthauser-Geräumt, Isar-Geräumt oder Sulz-Geräumt in den Perlacher Forst verschwunden ist, geht das große Suchen und Sammeln los.

Selbst wer zu zweit oder in einer kleinen Gruppe unterwegs ist, wird dabei ganz schnell und unwillkürlich still. Um den Pilz-Blick zu entwickeln, braucht es schließlich Ruhe und Konzentration. Grundwissen über das Leben im Wald hilft auch, weshalb der Blick nicht nur auf die nächsten zwei Meter

Doch wo suchen? Auf weichem Nadelwaldboden mit feuchteren, moosbewachsenen Stellen? Oder auf einer grasigen, nicht zu krautigen Lichtung? Gerade als Anfänger tut man sich einfacher, in Begleitung eines Pilz-

kenners unterwegs zu sein und dabei den Blick für das ideale Pilzrevier zu erlernen. So entwickelt jeder bald ein eigenes Bauchgefühl. Apropos Bauchgefühl: Sammeln und mitnehmen sollte man nur essbare Pilze, die man ganz zweifelsfrei kennt. Ist man sich bei einem Exemplar doch unsicher, hilft von August bis Oktober die Pilzberatung. Nach dem Sammeln geht's nach Hause, zum Pilzputzen – Vorfreude auf das abendliche Pilzgericht inklusive.

Und wo genau gibt's jetzt die Schwammerl-Garantie im Perlacher Forst? Das wird niemand verraten. Einfach selbst suchen, die guten Plätze in einer App vermerken oder in die eigene – von nun an sicher ebenfalls geheime – Papierkarte eintragen. Und bald zurückkehren!

Hin & Weg: Tram 15 oder 25 bis Menterschwaige, von dort in den weitläufigen Perlacher Forst.

Dauer: Einige Stunden – ganz nach Lust und Laune, bis der persönliche Sammel- und Pilzbedarf gedeckt ist.

Beste Zeit: So gut wie ganzjährig; klassisch im Spätsommer und Herbst.

Ausrüstung: (Weiden-)Körbchen, scharfes Messer, Pilzbürste, evtl. Pilzbestimmungsbuch.

Hilfe und Tipps: Die ehrenamtlichen Berater des Münchner Vereins für Pilzkunde helfen in der Stadtinformation im Rathaus und im Pasinger Rathaus.

> **FAZIT: DEN ZAUBER DES WALDES ERLEBEN – UND DIE MAGIE DES AUGENBLICKS. DAS ERSTE SELBST GEFUNDENE PILZ-PRACHTEXEMPLAR IN DEN HÄNDEN ZU HALTEN.**

ZEIT FÜR EINE PAUSE

 ... in Haidhausen

Mal ganz ehrlich: ein paar Stunden raus, ein bisschen frische Luft, ein wenig abschalten – gut und schön. Aber nicht immer lässt es die Zeit zu, der Stadt den Rücken zu kehren, zumindest für einen ganzen Tag. Warum nicht stattdessen mal das Dorf in der Stadt aufsuchen?

#dörflich #Ruhe #Haidhausen #Entspannung #grün #Herbergshäuser

→ ABSTECHER...

Beim »Dorfspaziergang« gleich noch beim Obst- und Gemüsehändler vorbeischauen. Und vis à vis lockt die Eistheke ...

Zu einer kleinen Auszeit braucht es eigentlich gar nicht viel. Manchmal hat man einfach so ein Gefühl: Ich muss mal durchatmen, muss etwas weg von den Hauptstraßen. Wenn genau dieses Gefühl in der Innenstadt aufkommt – oder sagen wir mal: nach kopf-qualmenden Stunden in der Stadtbibliothek am Gasteig – dann gäbe es da eine Möglichkeit: Mal fix um die Ecke gegangen und die Preysingstraße erkundet.

Aus Richtung Westen, von der Isar und dem Gasteig aus, diese kleine Straße kennenzulernen, ist am empfehlenswertesten. Denn dann

passt Schritt für Schritt der Spannungsbogen: Zunächst geht es durch die Fußgängerzone auf dem Preysingplatz samt Pfarrkirchen St. Johannes. Dahinter wird es dörflich. Bis in die 1970er-Jahre war Haidhausen als eines der Münchner Glasscherbenviertel – ein ärmlicher Stadtteil, in dem Kriminalität und Arbeitslosigkeit den Ton angaben – mitunter verrufen. Ein paar Jahre später änderte sich das: Das ehemalige Handwerker- und Arbeiterviertel erlebte eine Sanierung, entwickelte sich zum Szene-Kiez und reihte sich bald, durchgentrifiziert, in die begehrtesten Münchner Wohnlagen ein.

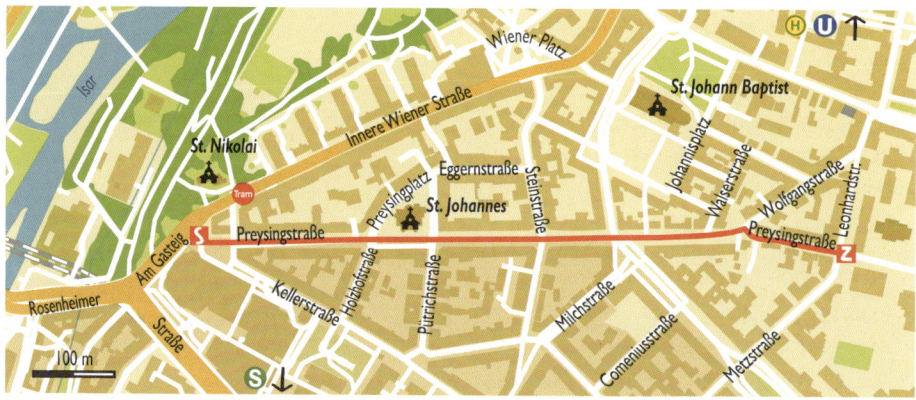

Mittendrin, ein wenig wie aus der Zeit ge- fallen, die Preysingstraße: An der Ecke Wörthstraße beginnt eine nur zweistöckige Häuserzeile. Das ganze gipfelt am Kriech- baumhof und am Üblacker-Häusl in einem fast ländlich wirkenden Idyll. Der wunderbar sonnengegärbte »Kriechbaumhof« und auch das »Üblacker-Häusl« waren einst einfachs- te Herbergen, in denen Tagelöhner unterka- men. Heute ist der erste ein Treffpunkt der

Das Who-is-Who der Preysingstraße: Üblacker-Häusl und Pfarrkirche St. Johannes (links) sowie Preysinggarten und Kriechbaumhof (rechts).

Münchner Alpenvereinsjugend, im anderen ist das Herbergenmuseum des Münchner Stadtmuseums untergebracht. Daneben ein Kindergarten sowie Werkstätten von Handwerkern, ohne die es dieses besondere Flair gar nicht erst gäbe. Wer jetzt den Fotoapparat zückt, sollte auch mal zwischen den Häuschen in die »zweite Reihe« schauen! Besonders im Frühherbst, wenn die Nachmittage noch angenehm warm sind, bestechen die kleinen, geduckten Häuser an der Kopfsteinpflasterstraße mit ihren entzückenden teils begrünten Fassaden.

Wer nach dem »Dorfspaziergang« noch etwas trinken möchte, kann – je nach Sonnenstand – noch einen Stopp im kleinen, gemütlichen Preysinggarten der gleichnamigen Gastwirtschaft einplanen oder, unter Kirschbäumen,

ein Plätzchen vor der Gaststätte »Zum Kloster« ergattern. Wer muss da schon noch raus aus München?

FAZIT: ENTSPANNUNG MITTEN IN DER STADT. UND FAST WIE AUF DEM LAND.

Hin & Weg: Mit dem Rad oder zu Fuß; mit Bus/ Bahn z.B. bis Rosenheimer Platz, Max-Weber-Platz oder Tram Am Gasteig.

Dauer: 30 Min., mit Einkehr nach oben offen; ca. 1 km.

Beste Zeit: Ganzjährig; besonders schön im Frühherbst.

Ausrüstung: Einfach loslaufen. Einer der wenigen sogar Absatzschuh-geeigneten Auszeittipps in diesem Buch.

→ ABSTECHER...

DEN HÖCHSTEN PUNKT ERKLIMMEN

≥ ... am Warnberger Weiher ≤

#14

Manch kleinen Schatz sucht man nicht, man findet ihn einfach. En passant. Ganz nebenbei, im Vorbeigehen: Der Warnberger Weiher, ein kleiner Seerosentümpel, der sich ein wenig unter mächtigen Eichen versteckt, hat das Zeug zum Lieblingsort.

In herbstliche Garderobe geschmissen: Die Eichenallee am Warnberger Weiher.

Während es die Münchner in der Innenstadt in Scharen ans Isarufer und an die großen Seen im Umland treibt, haben die Sollner ihr eigenes kleines Idyll vor der Haustür. Denn am äußersten Stadtrand von München, ganz im Süden, liegt der Warnberger Weiher. Er ist einer dieser stillen Orte in München, die ohne jede Effekthascherei auskommen. Ein Fleckchen Stadt, das ohne Frage als ein kleiner Geheimtipp durchgehen darf. Wohl eher durch Zufall erfährt man von ihm. Vielleicht weil jemand, den man kennt, ganz in der Nähe wohnt. Vielleicht, weil man was mit Pferden am Hut hat. Vielleicht, weil man sich fragt, welcher wohl der höchste natürliche Punkt der Stadt ist und nach ein wenig Herumsuchen erfährt: der Warnberg – 580 Meter ist er hoch.

Der kleine Spaziergang am Warnberger Weiher darf ruhig als unspektakulär bezeichnet

werden. Gut möglich, dass genau das seine Stärke ist: Vom Bahnhof Solln geht es zu Fuß knapp 15 Minuten die Wolfratshausener Straße stadtauswärts. Dann in die Warnbergstraße hinein und am Waldfriedhof Solln vorbei.

Auch wenn die Runde ganzjährig zu empfehlen ist, kommt sie im Herbst ganz besonders strahlend daher: Die Eichenallee entlang des Friedhofs ist dann gelb-orange verfärbt und wirkt durchaus vornehm und ehrwürdig. Nicht ohne Grund, denn das Gebäude auf dem Grundstück links war im 12. Jahrhundert die Burg Warnberg. Das Herrenhaus errichteten die Jesuiten im 17. Jahrhundert neu. Heute ist es ein Klostergut, welches sich allerdings nur von außen anschauen lässt. Davor eine große Streuobstwiese mit Bäumen, deren knorrige Äste ihr hohes Alter erahnen lassen.

Am Hauptgebäude vorbei erreicht man schnell die Balde-Höhe. Von hier kann man Richtung Isartal und in das Alpenvorland schauen. Noch heute ist schnell ersichtlich, dass der Name »Warnberg« nicht von ungefähr kommt: Die Erhebung war früher bestens geeignet, um herannahende Feinde zeitig zu entdecken und die Einheimischen vor ihnen zu warnen.

Nun zurück Richtung Stallungen, hinter dem Klostergut vorbei, und zu einigen kleinen

---

Hin & Weg: S7 bis Solln, Bus bis Waldfriedhof Solln.

Dauer: 1,5 Std., ca. 4,5 km.

Beste Zeit: Ganzjährig; besonders farbenprächtig im Herbst.

Ausrüstung: Kuschlig-gemütliche Lieblingsherbst-garderobe.

Pferdekoppeln. Diese gehören zu einer Pferdeklinik und -pension, die ebenfalls auf dem Hof beheimatet ist. Es ist gar nicht so unwahrscheinlich, dass man auf einen Besitzer oder Pfleger auf dem weitläufigen Areal trifft, der eines der Pferde herumführt.

Und der Weiher? Der versteckt sich ein wenig hinter den Koppeln, unter den mächtigen Eichen, deren dicke Äste weit über das Wasser ragen. Im Oktober ergeben sich vor den mitunter vielen Seerosen herrliche Spiegelungen eines grün-gelb-orangen Farbwirrwarrs.

Diese Herbstfarben noch eine Weile von einer der Bänke genießen? Oder den Tag nutzen und noch in den Forstenrieder Park gehen, der gleich hinter den Feldern anschließt? Das ist die einzige Entscheidung, die an einem schönen Herbsttag zu treffen ist.

FAZIT: ZWAR IST MAN HIER SELTEN ALLEIN, ABER GETEILTE FREUDE IST DOCH DOPPELTE FREUDE, ODER?

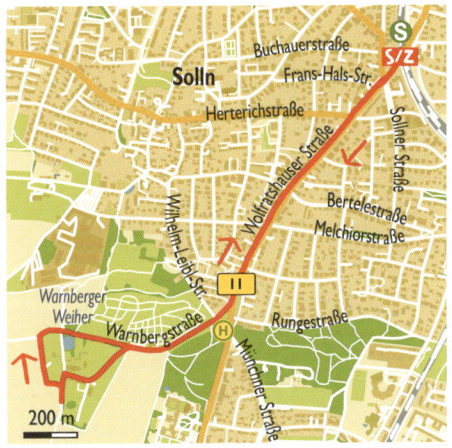

WILD
STYLE

⟫ ... auf der Urban-Art-Tour ⟪

#15

Um Kunst zu sehen, muss man nicht unbedingt ein Museum oder eine Galerie besuchen. Stattdessen heißt es: Aufs Rad geschwungen und eingetaucht in die Münchner Street Art. Kaum zu glauben, aber wahr: Hier liegen die Wurzeln der deutschen Graffiti-Szene.

#Stencil #urban #Hinterhof #Sprayer #radeln

Münchner Street Art: Mal wandfüllende
Graffiti, mal kleine Stencils. Mal politisch,
mal verträumt.

Ausgerechnet München! Ein Ort, dem man ja so einiges nachsagt – außer, eine »echte« Großstadt zu sein. Nach gängiger Meinung ist München eben doch eher das 1,5-Millionen-Dorf. Ausgerechnet die bayerische Landeshauptstadt aber war in den frühen 1980er-Jahren die Keimzelle der deutschen Graffiti-Szene. Damals noch Subkultur, heute Mainstream. Und perfekt zum Dran-entlang-Radeln, zum Immer-wieder-Stehenbleiben und Ausgiebig-Anschauen. Gleich fünf Street-Art-Locations werden auf einer gut 15 Kilometer langen Radstrecke im Münchner Stadtzentrum verbunden: Los geht's am Friedensengel. Eigentlich kann man das Rad auf diesen Anfangsmetern schieben. Denn

gleich in der Fußgängerunterführung an der Luitpoldbrücke leuchten die ersten Kunstwerke mit dem Herbst um die Wette. Vor allem die beiden bunten Vögel an den Treppenaufgängen – Paradiesvogel oder Phönix? – scheinen die bunte Stadt zu zelebrieren. Hinter dem Tunnel dann ein Stück isaraufwärts bis zur Muffathalle geradelt: An den Mauern des ehemaligen Heizkraftwerks und heutigen Kulturzentrums tummeln sich Fantasiewesen, die an Kartoffeln erinnern. In einer Art bayerischem Schlaraffenland scheinen sie auf einem Fluss voller Bier zu treiben.

Von den farbenfrohen Motiven geht es weiter die Isar entlang bis zur Reichenbachbrücke. Dort an das andere Flussufer gewechselt und durch das Glockenbachviertel Richtung Schlachthofviertel geradelt. Mit etwas offenen Augen finden sich auch in den Straßen ent-

lang des Glockenbachs kleine Stencils, mit Schablonen an Hauswände gebrachte Miniatur-Motive. Am Schlachthof angekommen, bei der Bahnunterführung der Tumblinger Straße, gibt es eine der größten Street-Art-Flächen in München zu bestaunen. Die Motive wechseln ständig – also schnell die Kamera gezückt, wenn eines der Graffitis besonders gefällt. Schon beim nächsten Besuch kann alles wieder ganz anders aus-

---

Hin & Weg: Mit dem Rad zum Ausgangspunkt am Friedensengel (Prinzregentenstraße). Wer lieber zu Fuß unterwegs ist, konzentriert sich auf die Stopps entlang der Isar und vielleicht bis zum Schlachthof.

Dauer: 3-4 Std. plus Cappuccino-Pause; ca. 16 km.

Beste Zeit: Ganzjährig möglich; besonders schön im Herbst.

Ausrüstung: Kamera nicht vergessen!

Besser schnell vorbeischauen: Verschwinden Zwischenorte in der Stadt, verschwindet auch schnell die Street Art.

sehen. Um zur nächsten Station der Urban-Art-Tour zu gelangen, geht es zunächst Richtung Theresienwiese, die man am besten westlich umradelt, dann durch das Westend und über die Donnersberger Brücke. An der Ecke Donnersberger Straße mit Arnulfstraße sind unter dem Mittleren Ring Autostellplätze. Einer dieser nicht wirklich einladenden Zwischenorte in der Stadt. Und genau deshalb die passende Location für die 2013 etablierte Street Art Gallery. An den Brückenpfeilern und Mauern haben sich 60 Künstler ausgetobt – das alles zu bestaunen braucht Zeit.

Lust auf noch einen weiteren Stopp? Dann auf zum Kreativquartier an der Dachauer Straße. Zwischen den Werkstätten, Studios und Ateliers gibt es noch mehr Street Art zu entdecken.

FAZIT: EINE BESONDERS FARBENFROHE REISE DURCH DIE STADT. EIN BISSCHEN VERTRÄUMT, EIN BISSCHEN POLITISCH.

STERNE BESTAUNEN

... am Kloster St. Ottilien

#16

Was richtig tolles Sternegucken angeht, sind Großstädter ganz klar im Nachteil. Da erstaunt es nicht, wenn der eine oder andere schon längst mal wieder ganz weit weg will von Metropolen und Citys, von Dörfern und Siedlungen – einfach nur, um Sterne zu bestaunen.

#Sterne #Milchstraße #St.Ottilien #Kloster

(links) Wer mehr Zeit mitbringt, kann rund um St. Ottilien auch längere Wege wählen.

(rechts) Die Birken auf der Südseite des Klosters zeichnen sich nach Einbruch der Dunkelheit fotogen gegen den Nachthimmel ab. Das Kloster ebenso.

ein breiter Feldweg zur Erzabtei St. Ottilien. Nach kaum mehr als 15 Minuten ist die Klosteranlage erreicht. Dann vorbei an der westlichen Klostergartenmauer und durch ein kleines Wäldchen zur Pflaumdorfer Straße. Schon allein wegen des Alpenpanoramas, das sich von dort aus zeigt, lohnt sich dieser kleine Spaziergang. Noch besser: Im Grunde ist das auch die Schokoladenseite des Klosters, in dem heute gut 100 Mönche leben.

Nach etwa 500 Metern zweigt ein Feldweg ab und führt direkt auf das Kloster zu. Dass der birkenbestandene Pfad einmal der offizielle Zugang nach St. Ottilien war, verwundert kaum – der Blick nach vorn und der zurück buhlen um die größtmögliche Aufmerksamkeit. Weiches abendliches Streiflicht tut sein Übriges dazu. Die Zeit bis zum großen Sterne-Staunen lässt sich bei einem

In Mitteleuropa gibt es kaum noch Orte, an denen man einen wirklich dunklen Nachthimmel beobachten kann. Um einen solchen Ort zu finden, müsste man von München aus in die österreichischen Zentralalpen fahren oder mindestens ganz in den Süden Bayerns, in die Jachenau. Mitunter ist das aber zu weit weg, um einfach mal ins Dunkel zu schauen.

Die gute Nachricht: Selbst mit der S-Bahn kann man aus München raus in Gegenden gelangen, in denen die Sterne mehr als nur akzeptabel vom Himmel leuchten. St. Ottilien ist so ein Ort.

Es lohnt sich, bereits am frühen Abend aufzubrechen und vor der großen Sterneshow noch etwas Zeit am Kloster (www.erzabtei.de) zu verbringen. Vom Bahnhof Geltendorf führt

FAZIT: STARRY, STARRY NIGHT – FAST, ALS HÄTTE VINCENT VAN GOGH SIE GEMALT.

Hin & Weg: S4 bis Geltendorf.

Dauer & Strecke: 1,5 Std. spazieren, ca. 6 km.

Beste Zeit: Herbst, dann tritt auch die Milchstraße deutlicher hervor.

Ausrüstung: Warme Jacke. Wer Lust hat aufs Fotografieren – Stativ nicht vergessen!

Rundgang über das Klostergelände und der Einkehr im Emminger Hof überbrücken. Jetzt sind die vielen Tagesbesucher, die den Klostergasthof an Wochenenden belagern, wahrscheinlich längst fort.

Wenn dann die Sonne schon eine ganze Zeit hinter dem Wäldchen verschwunden ist, tauchen die Sterne auf – erst einer nach dem anderen und plötzlich Abertausende. Der Große Wagen kommt zum Vorschein. Kassiopeia, das auffällige Himmels-W, schmeißt sich in Schale. Die Milchstraße richtet sich.

Genug in den Himmel rund um St. Ottilien geblickt? Eine breite Allee führt schnurgerade durch die Felder zurück zum Bahnhof Geltendorf, von wo aus bis spät in die Nacht S-Bahnen Richtung München fahren.

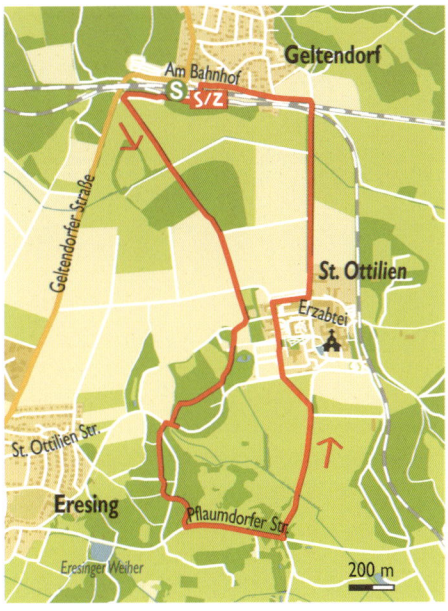

TANZ AUF DEM EIS

 ... auf dem Ostparksee

#17

Ganz ehrlich: Die wenigsten werden sich aus dem Stand zum Pirouetten-Drehen auf schmalen Stahlkufen berufen fühlen. Ordentlich Spaß macht eine Runde Schlittschuhfahren auf einem der Münchner Seen aber trotzdem. Oder vielleicht: Gerade deshalb.

Ab Mitte Januar sind die Tage spürbar länger und die Mittagsstunden angenehm warm für eine Runde auf dem Eis.

Schritte und Kurven – wenn es ansonsten mit der Sportlichkeit passt, ist auch das Eislaufen gar nicht sooo kompliziert.

Am schönsten ist es natürlich, auf einem See seine Runden zu ziehen. Gegenüber künstlichen Eisbahnen haben Natureisflächen zwar einen entscheidenden Nachteil: Sie sind nicht so gleichmäßig wie die von Menschenhand angelegten und meist überdachten Flächen. Beim See ist das so: Mal kommt er milchig daher, mal schwarz. Mal mit langen Rissen, mal holprig. Doch das macht der Draußen-Faktor wieder wett. Noch dazu, wenn das Gewässer, wie der Ostparksee, mitten in der Stadt zu finden ist und doch weitab vom Trubel zu liegen scheint.

Die Frage, die auf jeden Fall im Raum steht: Trägt das Eis? Erst, wenn das ganz sicher der Fall ist, gibt die Grünanlagenaufsicht der Stadt München den Ostparksee frei. Es ist natürlich ein offenes Geheimnis, dass die Seen in München längst nicht jedes Jahr so dick zufrieren, dass man sie betreten kann. Und selbst wenn, ist diese besondere Winterfreude oft nur von kurzer Dauer.

Irgendwann möchte man endlich diese ganzen Dinge wiederholen, die man aus der Kindheit kennt. Oder aber man möchte das, was man damals verpasst hat, endlich mal erlernen. Schlittschuhlaufen zum Beispiel.

Über sich selbst lachen zu können, ist sicher eine der wichtigsten Voraussetzungen für ein paar fantastische Stunden auf dem Eis. Am besten gemeinsam mit Freunden. Klasse Nebeneffekt: Es ist gleich jemand zur Stelle, auf dem man sich bei den ersten, wahrscheinlich etwas unsicheren Schritten ein bisschen abstützen kann. Denn etwas wackelig fühlen sich die ungewohnten Bewegungen am Anfang jeder Schlittschuhsaison wohl für fast jeden an. Vorsichtig geht es dann los: Gleichgewicht halten, einige kleine Schritte, auf beiden Kufen gleiten. Bald dann größere

Den richtigen Moment zu erwischen, ist jedenfalls gleich dreifach schön: Man befindet sich in bester Winter-Gesellschaft: Auch Eisstockschützen und Eishockeyspieler, Langläufer und Spaziergänger sind unterwegs. Der Park punktet außerdem mit hübschem Ausblick. Wenn es dann doch irgendwann zu kalt ist, gibt es am Seeufer, im Gasthaus »Michaeligarten«, heiße Schokolade, Kuchen und allerlei Deftiges.

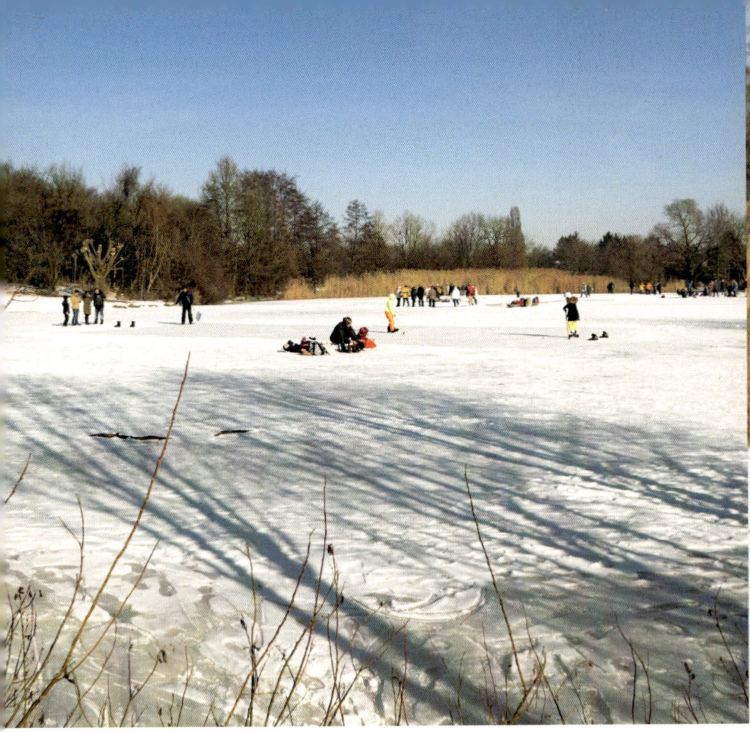

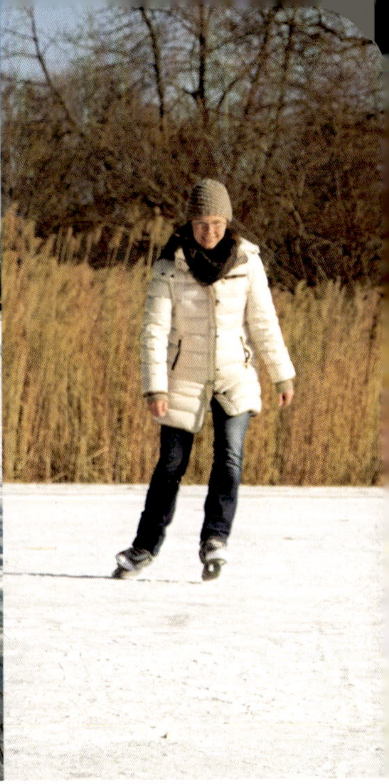

FAZIT: NICHT GANZ EINFACH. ABER AUCH GAR NICHT SOOO KOMPLIZIERT. VOM RIESIGEN SPAẞFAKTOR GANZ ZU SCHWEIGEN.

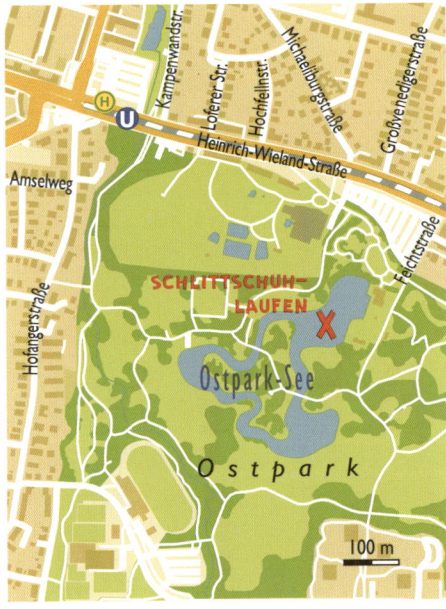

Hin & Weg: U5 oder Bus 195 – jeweils bis zur Haltestelle Michaelibad.

Dauer: 1–2 Std.

Beste Zeit: Januar und Februar.

Ausrüstung Eigene Schlittschuhe nicht vergessen (kein Verleih vor Ort).

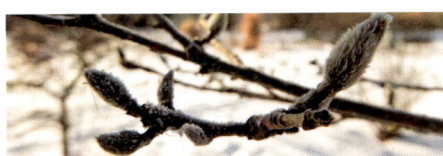

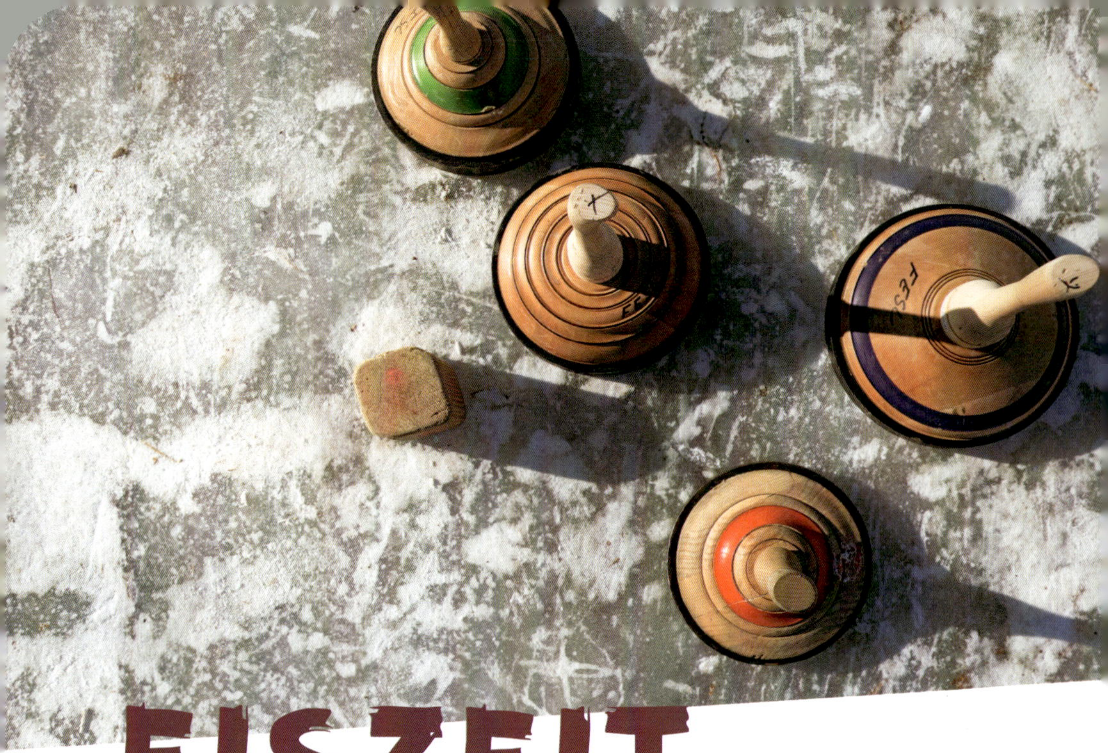

EISZEIT

… am Nymphenburger Kanal

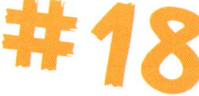

#18

Wenn der Winter die Stadt fest im Griff hat und die Gewässer unter einer dicken Eisschicht liegen, ist es an der Zeit, sich für einen ganz besonderen, kurzweiligen Zeitvertreib vor die Haustür zu begeben: zum Eisstockschießen.

#Sonnentag #Schlitterpartie #mitSchlossblick #Kanal #Eisstockschießen

Königliche Kulisse: Sobald das Eis trägt, sind mehr als 40 Eisstockbahnen auf dem Nymphenburger Kanal präpariert.

»Wozu wollen wir uns treffen?«, werden zumindest Neumünchner respektive frischgebackene Wahlbayern möglicherweise erst einmal fragen, wenn das Gespräch aufs Eisstockschießen kommt. Schließlich ist diese winterliche Freizeitbeschäftigung vor allem aus dem Alpenraum bekannt. Schon aus dem 16. Jahrhundert gibt es Abbildungen davon: Von Kindern, Eltern und Älteren, die sich auf geräumten Eisflächen versammeln und bei einem gemeinsamen Spiel mit Eisstöcken den freien Tag genießen. Die Grundregeln sind

simpel: Am Ende der rechteckigen Spielbahn liegt ein Holzklotz, die sogenannte Daube. In Mannschaften aufgeteilt, versuchen die Spieler nun reihum, ihre Eisstöcke möglichst nah an dieser Daube zu platzieren oder die bereits nah an dem Holz platzierten gegnerischen Eisstöcke rauszuschießen.

Wer beim ersten Hinschauen glaubt, Eisstockschießen sei ein Altherrensport, der täuscht sich. Zwar sind unter der Woche tagsüber vor allem ältere Münchner auf dem Eis an-

zutreffen. Doch spätestens am Nachmittag gesellen sich Studentengruppen dazu, am Abend kommen Kollegenkreise und Vereine, an den Wochenenden dann die Familien. Selbst zu zweit lässt sich das Eisstockschie-

ßen probieren; die ideale Gruppengröße sind allerdings sechs bis acht Mitspieler. Sind es mehr Spieler, dauert es einfach länger, bis man wieder dran ist. Zur Grundausstattung fürs Eisstockschießen gehören ein paar selbst

Traditionell werden für Eisstöcke zwei Holzarten verwendet: Esche für den Stiel, Birnbaum für die Sohle.

gebackene Plätzchen und Tee oder Glühwein. Spontane Eisstockschützen können das eine oder andere an dem kleinen mobilen Holzkiosk kaufen. Dort verleiht »Eisflüsterer« Herbert Fesl auch Eisstöcke. Er kennt das Eis auf dem Nymphenburger Kanal wie kaum ein anderer: Schon in seiner Kindheit war er dabei, wenn sein Vater die Eisfläche geprüft, präpariert und freigegeben hat.

Damals wie heute ist der Nymphenburger Kanal Münchens erste Adresse, um aufs Natureis zu gehen. Das liegt an der geringen Wassertiefe und der Luftströmung über das lange, schmale Wasser hinweg. Bis man die Seen in und vor der Stadt sicher betreten kann, dauert es länger. Das Spiel unter abendlichem Flutlicht hat seinen besonderen Reiz. Am allerschönsten ist es aber an Nachmittagen,

etwa ab Mitte Januar, wenn der Himmel strahlend blau ist und die Sonne allmählich wieder stärker wird.

> **FAZIT: VON WEGEN ALTHERRENDOMÄNE! EISSTOCKSCHIEBEN IST VOR ALLEM EINS: SCHON NACH KURZER ZEIT EINE WIRKLICHE WINTER-GAUDI.**

Hin & Weg: Tram 12 Hubertusstraße, Tram 17 Romanplatz oder U1/U7 Rotkreuzplatz.

Dauer: 1–3 Std.

Beste Zeit: Januar/Februar. Mehr unter www.eisstockbahnen.de.

Ausrüstung: Wirklich (!) warme Schuhe mit rutschfesten Sohlen.

GÖTTLICH GEDAMPFT

≳ ... Frühschwimmen im Dantebad ≲

#19

Kann ja sein, dass der frühe Vogel nicht jedermanns Sache ist. Was wiederum die freut, die auch an einem klirrend kalten Wintermorgen zeitig aus den Federn kommen. Beim Start ins Wochenende gibt das nämlich ein paar Stündchen Genuss-Vorsprung der anderen Art.

Während der Olympischen Sommerspiele 1972 wurde im Dantebad Wasserball gespielt.

Dantebad geschwommen. Zunächst durften sich nur die Männer, sieben Jahre später dann auch Frauen hier erfrischen. Seit 1961 ist das Bad außerdem im Winter in Betrieb und bis heute in dieser Form einmalig in München. Selbst bei eisigen Lufttemperaturen kann man hier seine Runden drehen.

Die Sportschwimmer-Bahnen sind vermutlich nicht umsonst just vor der Tribüne markiert: Schließlich blickt man genau auf dieser Beckenseite immer auf das Logo der Olympischen Spiele von 1972. Otl Aicher hat die stilisierte Lichtkrone damals entworfen. Sie dürfte auch aus den Freizeit-Schwimmern des Dantebads schon so manche Bestzeit herausgekitzelt haben.

Ob sportlich oder gemütlich, an einem Wintermorgen im warmen Nass wird jeder seinen ganz eigenen Lieblingsaugenblick haben – etwa der Moment, in dem man sich genug ausgepowert hat und am Beckenrand zur Ruhe kommt: Ein paar Mal noch schmatzt das Wasser dumpf über die Einfassung. Der eigene Puls, die eigene Atmung kommt allmählich wieder runter. Das Wasser glättet

Winter, ungemütliche acht Grad minus – bei derartigen Lufttemperaturen sei das Schwimmen im Freien nur etwas für die ganz Hartgesonnenen, könnte man meinen. Doch weit gefehlt. Zumindest, wenn der Weg ins Münchner Dante-Winter-Warmfreibad führt. Wichtig zu wissen: Drinnen ist's deutlich wärmer als draußen. Auf wohlige 30 Grad Wassertemperatur ist das Schwimmerbecken aufgeheizt. Darüber wabert der Dampf. Das Hineingleiten in den nebeligen Schleier hat vor allem an kurzen Wintertagen fast etwas Geheimnisvolles. Zu den Ersten zu gehören, die – noch fast im Dunkeln – in das 50-Meter-Becken eintauchen, ist einer dieser perfekten Wochenend-Momente.

Schon seit 1913 wird im ursprünglich als »städtische Sommerbadeanstalt« eröffneten

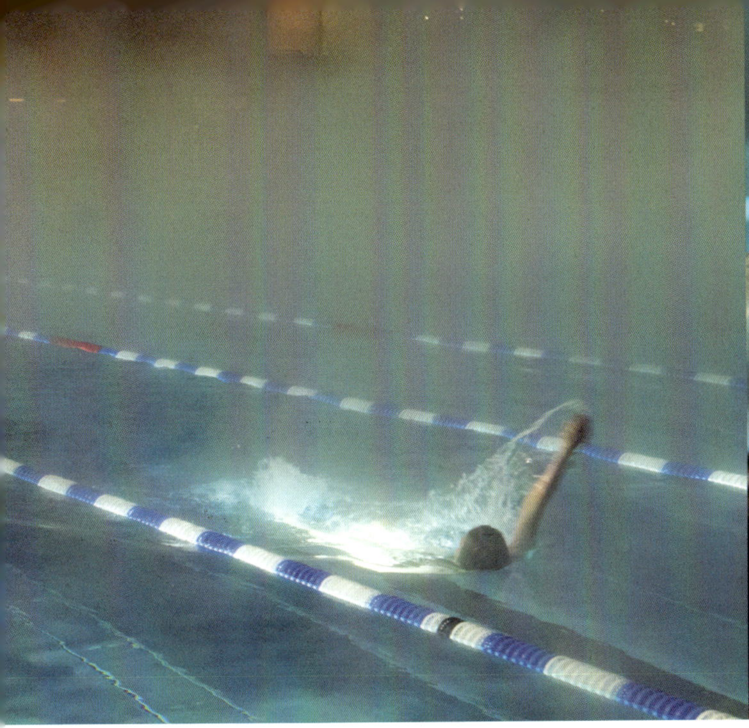

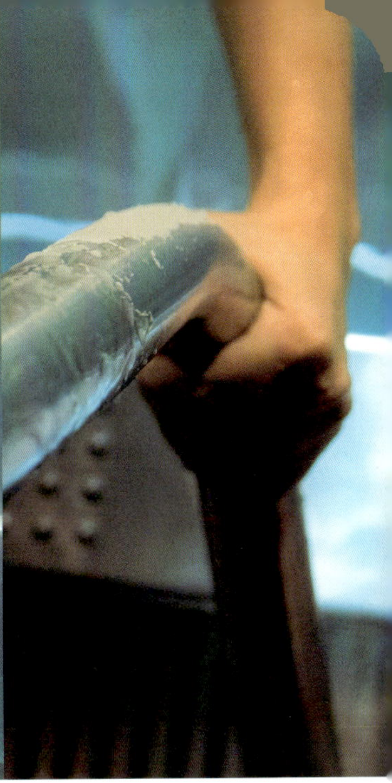

sich und für einen Moment scheint alles still. Endgültig genug vom 50-Meter-Becken? Dann wäre da noch der Edelstahl-Erlebnispool mit Sprudelliegen und Strömungskanal. Gut möglich, dass sich der Blick im leicht angezuckerten, ansonsten aber kahlen Geäst der Bäume verfängt. Während die eisige Kälte des Wintermorgens die Nase kitzelt, umfließt das Wasser den Körper warm. Dass man gechlorten Schwimmbädern normalerweise vielleicht nicht viel abgewinnen kann, ist in diesem Moment nebensächlich.

Und die Nachteulen? Die können die Winterstimmung im Dantebad statt morgens auch abends erleben, denn das Bad ist bis 23 Uhr geöffnet. Ab dem Nachmittag müssen sie aber damit leben, dass es deutlich voller wird.

FAZIT: NACH EINER RUNDE WINTERSCHWIMMEN IM DANTEBAD SCHMECKT DAS GEMÜTLICHE WOCHENEND-FRÜHSTÜCK GLEICH DOPPELT SO GUT.

Hin & Weg: U1, Tram 20/21 oder Bus - jeweils bis Westfriedhof.

Dauer: Schnelle 1 bis ausgiebigere 3 Std., vielleicht noch in die Sauna ...

Beste Zeit: Bei Schneefall. Öffnungszeiten über www.swm.de.

Ausrüstung: Badelatschen nicht vergessen!

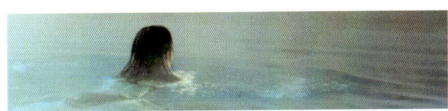

KUNSTVOLL BAUEN

⊰ ... ein Wintervormittag in der Aubinger Lohe ⊱

#20 *Ganz ehrlich: Eigentlich ist doch erst dann richtig Winter, wenn der erste stattliche Schneemann auf der Wiese steht. Nicht umsonst ist er das Symbol schlechthin für den Winter. Leicht zu malen – und leicht zu bauen.*

In der Aubinger Lohe einen Schneemann bauen? Um den Weiher spazieren? Rodeln? Am liebsten alles auf einmal.

Für den klassischen Schneemann braucht es nur drei unterschiedlich große Schneekugeln. Dazu zwei große Kiesel für die Augen, eine Karotte als Nase, vielleicht noch mit einem dünnen Zweig den lachenden Mund angedeutet – und schon kann sich der einigermaßen kunstvoll gebaute Schneemann blicken lassen.

Bei einem Ausflug in die Aubinger Lohe lässt sich das Schneemannbauen ganz nebenbei mit anderen kleinen Aktivitäten verbinden. Mit einem Winterwaldspaziergang zum Beispiel, oder mit einer Rodeleinlage für Kinder. Das Waldgebiet befindet sich am westlichen Rand von München, zwischen Aubing und Lochhausen. Beim ersten Besuch in der

Aubinger Lohe ist es etwas überraschend, dass so nah vom Stadtzentrum überhaupt solch ein kleiner, an manchen Stellen fast romantischer Wald zu finden ist. Wo hat man das schon so schnell wieder, nur 20 S-Bahn-Minuten und einen überschaubaren Fußweg von der Innenstadt entfernt? Noch dazu »ragt« mittendrin, auf einer großen Wiese, der einzige nennenswerte Berg aus der Münchner Schotterebene. In Ordnung, nennen wir ihn lieber »Hügel« – aber immerhin ist diese Erhebung 25 Meter höher als ihr Umland.

Für Kinder und Eltern jedenfalls ist das Areal eine wirklich große Spielwiese. Mit genügend Platz zum Schneemannbauen. Ein Schneemann, so sagt eine Schätzung, besteht aus

100 Milliarden Schneeflocken. Vom Schnee geht schon beim Anschauen immer wieder ein Zauber aus: Jede Flocke mit ihrer sechs-strahligen, filigran verzweigten Stern-Struktur ist einzigartig.

Am meisten Spaß macht das Schneemann-bauen, wenn die weiße Pracht ganz frisch ist. Nur zu kalt sollte es nicht sein: Frischer Schnee enthält 95 Prozent Luft und kaum Wasser, deshalb kleben die Kristalle kaum und krümeln stattdessen leicht auseinander. Bei sehr niedrigen Temperaturen wird ein Schneemann daher immer eher klein ausfallen. Wer dennoch an einem solchen Tag bauen will, kann die Handschuhe auszie-hen und es mit bloßen Händen versuchen. Was wohl kaum jemand freiwillig wirklich lange tun wird ...

Kalt und hungrig geworden vom Winterver-gnügen mitten im Wald? Wenige Gehminuten entfernt befindet sich die Waldwirtschaft Bie-nenheim (www.waldwirtschaft-bienenheim.de). In dem Lokal kann es mitunter recht voll sein, aber das Warten auf die junge bayerische Slow-Food-Küche lohnt sich. Zurück zur S-Bahnhaltestelle Lochhausen auf direktem Weg in etwa 15 Minuten. Oder – mit Kindern mitunter ein Muss – nochmals für ein weiteres kurzes Schneeabenteuer mit Schlenker an den Wiesenhängen vorbei.

Tipp: Das ideale Wetter zum Schneemann-bauen ist ganz leicht zu erkennen – der Schnee sollte beim Gehen quietschen. Denn wenn es kalt ist, brechen die Schneekristal-le. Ist es hingegen warm, dann verformen sie sich. Das nimmt man als Knacken – oder eben beim Gehen als Quietschen – wahr.

FAZIT: EIN SCHÖNES ZIEL FÜR KLEINE, ENTSPANNTE ZWISCHENDURCH-MOMENTE, NICHT NUR IM WINTER.

Hin & Weg: S3 Lochhausen.

Dauer & Strecke: 1 - 2 Std., ca. 2 km Wanderung.

Beste Zeit: Von Dezember bis Februar.

Ausrüstung: Codewort Karotte ...

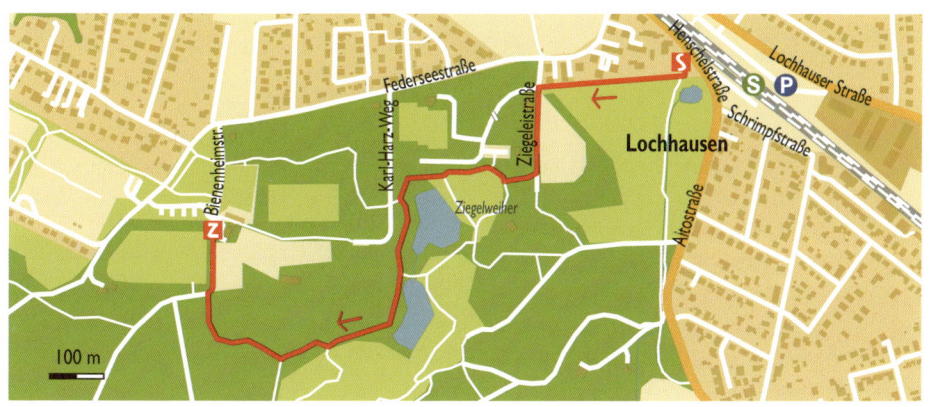

2. KAPITEL
AUSFLÜGE

#30

#33 #38 #35

#24

SOMMERLEICHTE
STUNDEN SATT 
↙
#26

#27

#32 #28

#25

#34 ← OH WIE SCHÖN!

#23

PERFEKT FÜR
JEDES WETTER
↓
#36 #39

#31

#29

#37 #21

Raus für einen Tag

Hinaus ins Grüne, hinein in die schönsten Ecken der Gegend. Ob Wandern, Radeln, Paddeln, Rodeln oder einfach die Natur genießen - für jede Laune und jedes Wetter ist etwas dabei.

12 H

IM FARBEN-RAUSCH

 ... rund um den Geroldsee

#21

Selbst der allergrößte Winterenthusiast sehnt sich ja irgendwann nach Farbe. Irgendwas in Gelb, Rosa, Violett – ganz egal, Hauptsache bunt! Bei einem Ausflug nach Gerold ist diese Sehnsucht nach frühlingshaften Farbklecksen leicht zu stillen.

#Krokusse #Buckelwiesen #Karwendel #Frühling #bunt

Während im Karwendel noch Schnee liegt, ist in den Buckelwiesen der Frühling in vollem Gange.

Es ist jedes Jahr aufs Neue ein Wunder, wenn Tausende und Abertausende Wilde Krokusse die Wiesen rund um Gerold in ein prächtiges Blütenmeer verwandeln. Irgendwann zwischen Ende März und Anfang April, wenn der Schnee geschmolzen ist und die Sonne den Boden schon ein paar Tage kräftig erwärmt hat, ist es so weit. Ist dieser richtige Moment gekommen, dann nichts wie hin in den kleinen Weiler zwischen Garmisch-Partenkirchen und Mittenwald. Vom Bahnhof Klais kommend, geht man eine knappe halbe

Stunde auf einem Wanderweg entlang der B2 Richtung Gerold. Zu dem Weiler gehören nur eine gute Handvoll Gehöfte. Noch kurz ein paar Meter weiter zur Kapelle und schon ist der Krokusfarbrausch angesagt.

Ein wenig Glück braucht es dennoch. Denn so schnell die Krokusse ihre weißen, bläulichen und violetten Köpfchen aus der Wiese stecken, so schnell sind sie auch wieder verblüht. Manchmal dauert der Zauber nur wenige Tage, aber auch in gewöhnlichen

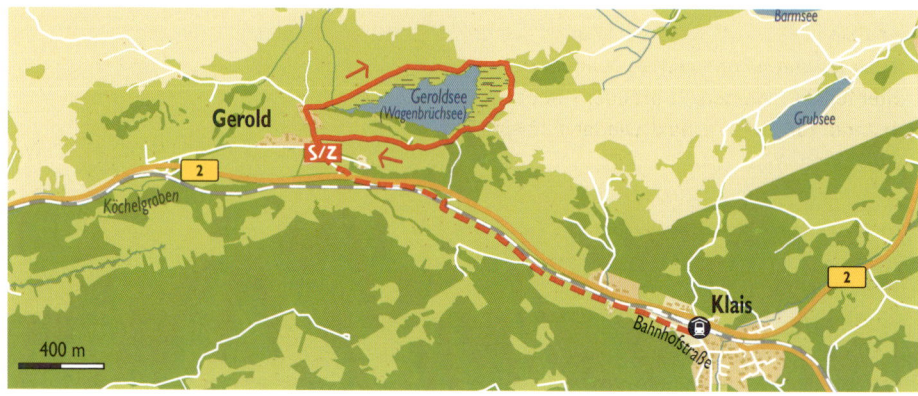

Jahren leuchten sie kaum mehr als eine Woche. Doch das Schöne ist: Selbst wenn man bei seinem Besuch nicht die absolute Ultra-Krokusblütenpracht erwischt, ist es rund um Gerold hervorragend auszuhalten. Dafür sorgt schon die einprägsame Landschaft mit dem in sanfte Wiesenwellen eingebetteten Geroldsee, der ganz offiziell eigentlich Wagenbrüchsee heißt, und den steil und schroff dahinter aufragenden Karwendelgipfeln. Neben den Krokussen sind noch weitere etwa 200 Pflanzen- und Tierarten

Der Weiler Gerold vergrößerte sich über die Jahrhunderte kaum und ist bis heute landwirtschaftlich geprägt.

in den Buckelwiesen rund um den fotogenen Moorsee beheimatet. Diese große Vielfalt konnte bis heute erhalten werden, da die welligen Wiesen nur ein Mal im Jahr – meist noch von Hand – gemäht werden. Besonders hübsche Blicke auf diese außergewöhnliche Landschaft lassen sich während eines Spaziergangs rund um den See erhaschen. Auf der Ostseite geht die Schotterstraße in einen etwas besseren Trampelpfad über. Er ist mitunter feucht-moorastig, trifft aber – mit etwas Abstand zum Ufer – bald wieder auf einen befestigten Weg.

Die beste Tageszeit, um die Krokusse zu fotografieren? Das sind die frühen Abendstunden, wenn das Sonnenlicht die Wiesen und die Berggipfel ganz sanft streift und sämtliche Konturen besonders deutlich hervortreten lässt. Bis es so weit ist, lässt es sich wunderbar

bei einem Picknick an einer der Badestellen am Geroldsee aushalten. Und unter Umständen kann man ja schon mal den kleinen Zeh ins Wasser strecken. Oder wer weiß, vielleicht ginge ja sogar etwas mehr.

FAZIT: SPAZIEREN, STAUNEN UND DEM CROCUS ALBIFLORUS-VIRUS VERFALLEN.

Hin & Weg: Bahnhof Klais, von dort etwa 2 km zu Fuß nach Gerold.

Dauer & Strecke: Mindestens 2,5 Std., besser einen Tag Zeit nehmen; Seerundgang ca. 2,5 km.

Beste Zeit: Für die Krokusse März bis April, für den Geroldsee ganzjährig.

Ausrüstung: Kamera nicht vergessen. Für ganz Mutige: vielleicht schadet auch ein Badehandtuch nicht.

95

BURGEN-
WANDERN

 ... »Expedition« ins Altmühltal

#22

Es lässt sich wandern. Und es lässt sich burgenwandern. Wer einmal auf den Burgen-Geschmack gekommen ist, wird davon nicht so schnell wieder ablassen. In jedem Fall geht man nach diesem ersten Mal mit anderen Augen durch die Landschaft.

#Höhle #Burgen #Felsen #Panorama

Natürlich ist absolut nichts dagegen einzu-
wenden, nach einer Stunde Fahrtzeit ab
München in Kinding aus dem Zug zu steigen
und einfach eine Runde wandern zu gehen.
Machen ja viele so, vornehmlich auf dem
Altmühltaler Panoramawanderweg. Denn
wenn man die 100 Höhenmeter aus dem
Tal hinter sich gebracht hat – was im Ver-
gleich selbst zu den mickrigsten Münchner
Hausbergen ja ein Klacks ist – stellt sich die
Aussicht als erstaunlich gut heraus.

Von einigen der in das Tal hervorspringen-
den und überraschend steil abfallenden
Felsen reicht der Blick ein paar Kilometer,
bis hinüber nach Beilngries. Weshalb im
Mittelalter die Herren von Emmendorf, die
diesen Teil des Altmühltals verwalteten,

hier oben den Bau von gleich drei Burgen
veranlassten. Also, nicht solche großen
Trutzburgen, die wir jetzt vielleicht gleich
vor unserem inneren Auge haben. Sondern
eher kleine, aber dafür strategisch sehr
bedeutende ummauerte Türme, von denen
aus der Altmühltalbogen einsehbar war –
damals vielleicht sogar noch besser als
heute. Lange Zeit waren diese drei Burgen
fast vergessen. Heute sind nur noch Burg-
ställe übrig, wie Burgenkundler die Plätze
nennen, an denen mal eine Burg gestanden hat. Doch auch wenn man keine Mauer-
reste mehr sieht, kommt an einem dieser
Orte, am Torfelsen, die eigene Fantasie
recht gut in Schwung: Dort, zwischen den
Buchen, spannt sich nämlich ein statt-
licher Felsbogen zwischen den Bäumen

Spannende Altmühltal-»Expedition«: Neben drei Burgställen wartet der kleine Rundweg gleich noch mit einer steinzeitlichen Höhle und bronzezeitlichen Hügelgräbern auf.

auf. Sechs Meter oder mehr ist er hoch. Beim Anblick des Felsens lässt sich recht einfach ausmalen, wie darauf einst eine kleine Spornburg stand. Vielleicht sogar, wie Ritter durch die Wälder galoppierten oder wie Materialien über den kurzen, steilen Pfad vom Dorf hinauftransportiert wurden. Links und rechts neben dem Torbogen lassen dann zwei große Höhlen die Gedanken schon mal um verborgene Schätze kreisen. Die größere von beiden Höhlen ist 25 Meter tief und über eine kleine Eisenleiter zu erreichen.

Hin kommt man einfach: Vom Kindinger Bahnhof zunächst Richtung Dorf. Spätestens dort hat man dann die Ausschilderung des Kindinger Burgenwegs gefunden, der im Wald auch noch an einer steinzeitlichen Höhle und bronzezeitlichen Hügelgräbern vorbeiführt, bevor es zu den Burgställen geht. Abstieg nach Unteremmendorf, wo sich im

Landgasthof Wagner gut einkehren lässt, bevor es dann am Waldrand wieder zurück nach Kinding geht.

> **FAZIT: WENN AUS EINER GEWÖHNLICHEN WALDWANDERUNG PLÖTZLICH EINE KLEINE BURGEN-EXPEDITION WIRD …**

Hin & Weg: Bahn bis Kinding/Altmühltal.

Dauer & Strecke: Ein hübscher Tagesausflug aus München – gemütliche 3 Std. Gehzeit. Ca. 15 km.

Beste Zeit: April/Mai, wegen der Sicht: Wenn die Bäume frisch ausgetrieben haben, die Laubkronen aber noch nicht zu dicht sind.

Ausrüstung: (Stirn-)Lampe, um auch noch in die hinterste Ecke der Schneiderloch-Höhle zu leuchten.

Übrigens: Mehr über den Burgenweg Kinding auf www.kinding.de; für das Gasthaus auf www.landgasthof-wagner.de.

BARFUß AM BACH

>= ... Wanderung im Kupferbachtal =<

#23

Wanderregel Nummer 1: Du sollst ge-scheites Schuhwerk tragen. Wanderregel Nummer 2: Du sollst Ausnahmen machen und auch mal barfuß gehen. Wanderregel Nummer 3: Besser heute als morgen. Und damit auf zum kurzen Selbstversuch ins Kupferbachtal.

einfach alles: Das sanfte Nachgeben und Wippen des Bodens. Die Nässe der in den Weg ragenden Baumwurzeln. Die Nadeln und Blattstiele. Bucheckern entpuppen sich als kleine, gemeine Fieslinge im aufgeplatzten struppig-rauen Stachelmantel. Das Moos, das in den Weg kriecht, kommt mal bräunlich, borstig und trocken daher. Dann wieder ist es so mit Wasser vollgesogen, dass man meint, einen klitschnassen Schwamm zu berühren.

Einfach herrlich, werden sich Naturkinder denken: Sogar an kühleren Frühlingstagen stellt sich schon nach wenigen Metern ein warmes, belebendes Gefühl im Fuß ein. Selbst die anregendsten Kneipp-Kuren sind nix dagegen. Apropos Kneipp – so nah man dem Wasser auch kommt, auf diesen ersten Kilometern ist der Bachlauf tabu, genauso wie die angrenzenden großen Moor- und Röhrichtflächen. Naturschutzgebiet. Spätestens an der kleinen Brücke müssen die Schuhe dann wieder an die Füße. Der Weg wird jetzt nämlich eine Weile schottrig – als Barfuß-Anfänger verzichtet man gerne auf dieses kleine Martyrium. Entlang des Kupferbachs schlängelt sich der Fahrweg weiter bis zum beschaulich gelegenen Reisenthaler Hof, wo am Freitag und Samstag köstliche hausgemachte Kuchen locken. Wer sich hier wieder losreißen kann, noch etwas weiter nach Glonn läuft und nochmals Appetit hat: Bis zum Wirts-

Im Sommer mal kurz barfuß auf der Wiese. Ja! Aber sonst ist das Barfußgehen, diese an und für sich natürlichste Sache der Welt, für uns heute vor allem eins: ungewohnt. Grund genug, bei der kleinen Runde durch das Kupferbachtal mal ein Stückchen barfuß zu wandern. Aber erst mal geht's in (Wander-)Schuhen von Unterlaus an dem einzeln auf der Wiesenkuppe liegenden Bauernhof Oberstetten vorbei und durch die Talsenke des Kupferbachs hindurch. Gleich dahinter führt ein schmaler Weg nach links. Jetzt ist der Moment gekommen, ab hier wird barfuß gewandert! Wer sich dabei beobachtet, wird merken: Vor allem, wenn man es nicht gewohnt ist, ist Barfußwandern weniger ein »Wandern« oder »Gehen« als vielmehr ein langsames, vorsichtiges Schritt-für-Schritt-Schleichen. Denn auch auf dem weichsten Waldpfad spürt man

Hin & Weg: Mit dem Auto bis nach Unterlaus. Wer öffentlich anreist, nimmt den Bus bis Glonn.

Dauer & Strecke: Als Rundweg mit Pausen lässt sich diese mehrstündige Eskapade wunderbar nach einem entspannten Frühstück angehen. Ca. 13 km.

Beste Zeit: Ab Anfang Mai. Im Schutz des Waldes auch an heißen Sommertagen ein Genuss.

Ausrüstung: Schuhe aus! Zumindest ein Stück.

Auf etwa halber Wegstrecke liegen Frauenreuth und das Hofcafé Reisenthaler Hof.

haus an der Wiesmühle (www.wadw.de) sind es vom Ortseingang nur 200 Meter. Dort darf man sich nicht nur auf Bio aus der Region freuen, sondern auch auf ein kleines Naturbad. Zurück geht es auf gleichem Weg. Oder, mit einem kleinen Schlenker nach Osten, über den Laubberg inklusive Alpenblick und über Frauenreuth.

Tipp: Die Häufigkeit der MVV-Anbindung nach Glonn überrascht vielleicht zunächst. Sie macht es aber sehr einfach, auch mit den Öffentlichen ins Kupferbachtal zu gelangen. In diesem Fall die Runde einfach »umdrehen«.

FAZIT: VON KOPF BIS FUß AUF NATUR EINGESTELLT. NÄHER DRAN AM GRÜN ALS BARFUß GEHT JA KAUM.

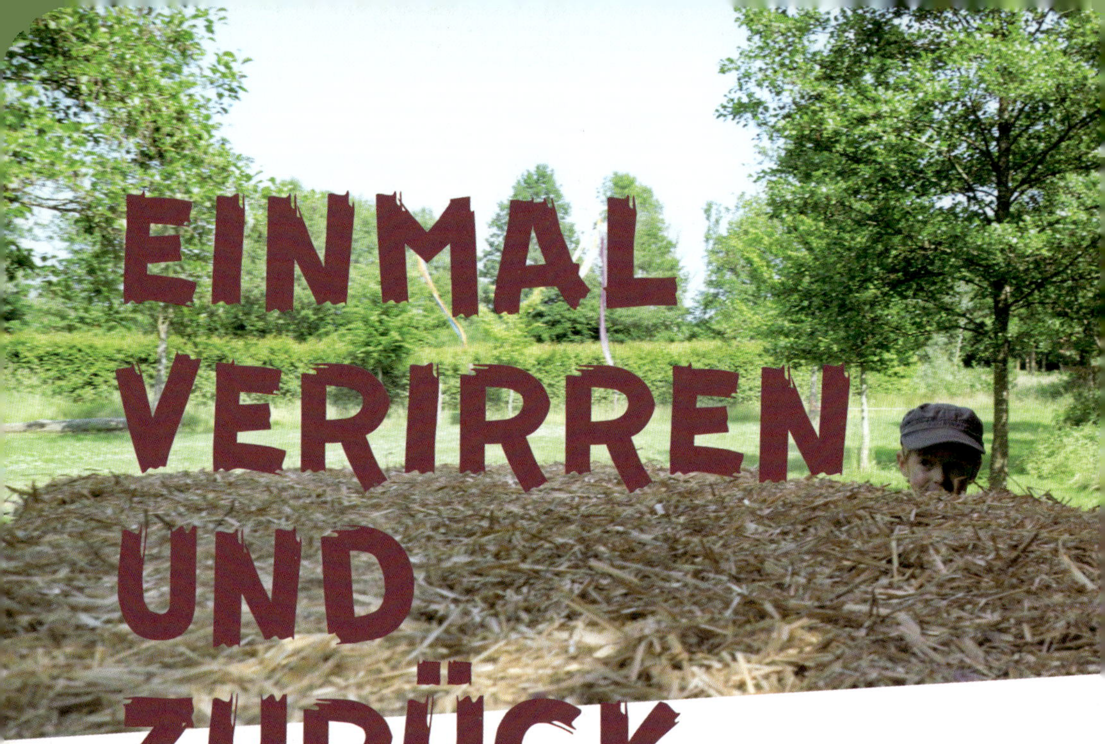

EINMAL VERIRREN UND ZURÜCK

… in Unterweikertshofen

#24

Sackgassen, Kreuzungen, verschlungene Irrgänge und irgendwo dazwischen der Weg zur Mitte – im Heckenlabyrinth Unterweikertshofen wird ein Nachmittagsausflug zu Momenten der Muße zwischen Spiel und Philosophie.

#Labyrinth #Irrgarten #suchen #Mittefinden

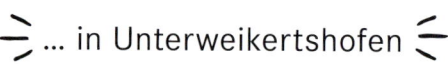

Wenn die Buchen ausgetrieben haben: Einfach mal von der kindlichen Labyrinth-Lust anstecken lassen!

An und für sich klingt die Aufgabe ganz simpel: Gehe von der kleinen hölzernen Eingangspforte bis zu der Fahne, die ein paar Meter weiter, hinter einer Hecke im Wind flattert. Eigentlich ganz einfach – stünde man nicht gerade vor einem Heckenlabyrinth mit dichten, knapp zwei Meter hohen Heckenwänden. Schon auf den ersten Metern wird man also eines Besseren belehrt. Denn das Labyrinth ist eigentlich ein Irrgarten – mit Gängen, Kreuzungen und Sackgassen, die auf den ersten Blick nicht als solche auszumachen sind. Irgendwo dazwischen auch der Weg zur Mitte, wo neben einem Holzpodest eine hohe Fahne in der Sonne leuchtet.

Immer wieder scheinen die bunten Wimpel zum Greifen nah. Und immer wieder geht es

dann doch nicht weiter und es heißt, einen neuen Weg zu suchen. Kaum zu glauben beim Anblick des kreisförmig angelegten Labyrinths: 600 Meter Wegstrecke sind es bis zur Mitte. Rund 2 000 Hainbuchen stehen Spalier, angeordnet in neun Umläufen, also Kreisen, deren ganze geometrische Perfektion besonders aus der Vogelperspektive – etwa auf Satellitenaufnahmen – zu bestaunen ist.

Wer mit Kindern nach Unterweikertshofen kommt, darf sich ziemlich sicher sein, dass sie kurz nach dem Betreten des Heckenlabyrinths gleich verschwunden sind. Sie suchen das Ziel, verirren oder verstecken sich dabei. Und finden häufig ganz intuitiv den richtigen Weg. Auch Erwachsene zögern kaum, denn so ein Labyrinth ist für jeden spannend – das hat sich seit 400 Jahren nicht geändert, als Heckenlabyrinthe und Irrgärten an den Spät-renaissance- und Barockschlössern angelegt und als lustiger Zeitvertreib des Hofes genutzt wurden.

Der Gärtner und Initiator Konrad Hufmann hat sich auf diversen Schlösserreisen inspirieren lassen und 2012 das Labyrinth, welches in Süddeutschland so einmalig ist, in Unterweikertshofen erschaffen. Mit einem kleinen Kniff ist ein echtes Verirren im Heckenlaby-

---

Hin & Weg: S2 bis Erdweg, von dort auf dem Radweg knapp 3 km / 30 Min. zu Fuß oder kurz mit dem Rad über Petersberg nach Unterweikertshofen.

Dauer: 1 Std. bis ein Nachmittag.

Beste Zeit: Mai bis September – immer sonntags sowie in den bayerischen Ferien, jeweilige Öffnungszeiten auf www.heckenlabyrinth.de.

Ausrüstung: Eventuell eine kleine Brotzeit.

Mit allen Sinnen: Nachdem im Heckenlabyrinth die Orientierung erprobt ist, gleich noch auf der Slackline das Gleichgewicht üben.

rinth übrigens ausgeschlossen: Einfach immer an der rechten Heckenwand bleiben (wenn es leichter fällt, auch mit der Hand) und die Seite nicht wechseln. Irgendwann sind so alle Abzweigungen abgelaufen. Mag sein, dass das eine Weile dauert, aber am Ende ist der Ausgang – oder eben auch die Mitte – erreicht.

Sobald man dann auch wieder aus dem Labyrinth herausgefunden hat, lässt sich in dem kleinen, heimeligen Park, der zum Schloss Unterweikertshofen gehört, wunderbar noch ein wenig mehr Zeit verbringen. Ein paar schattige Sitzecken, eine Slackline und sieben, acht Strohballen, einige Bälle und Schläger – mehr braucht es nicht, um in der ruhigen Oase auf dem Land einen ganz außergewöhnlich entspannten Nachmittag zu genießen.

FAZIT: DIE PERFEKTE VERWIRRUNG AUF DER STÄNDIGEN SUCHE NACH DEM ZIEL – DER MITTE.

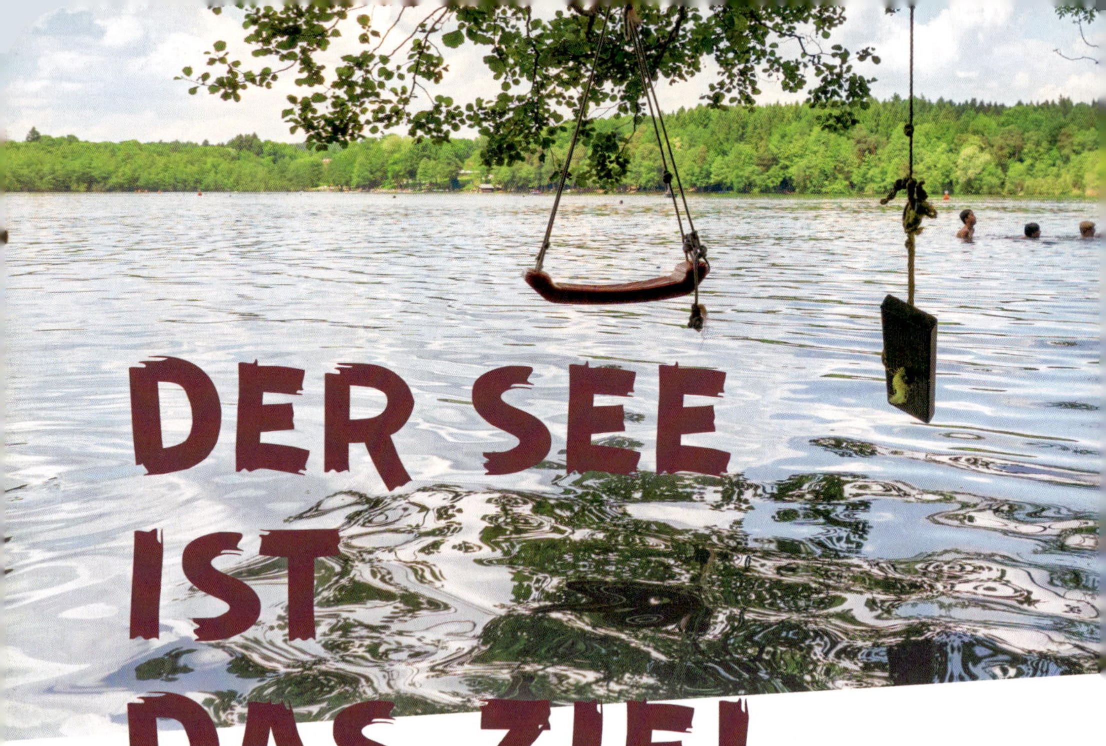

DER SEE IST DAS ZIEL

... Bike & Swim im Münchner Osten

#25

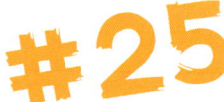

Wenn sich im Juli und August die Großstadt aufheizt, kaum noch ein Lüftchen geht und der Beton glüht, ist schon morgens die Sehnsucht nach dem Land und nach einem lauschigen See besonders groß. Im Osten von München, mitten in den Wäldern, versteckt sich so ein perfekter Rückzugsort: Der Steinsee.

#See #Wald #kühleOase #Moorsee

Der Weg von Grafing zum Steinsee führt durch das schöne und (noch) intakte Taglachinger Tal.

Das Allerbeste vornweg: Um im Steinsee zu baden, muss man nicht auf diese besonders heißen Hochsommertage warten. Denn der rund 20 Kilometer von der Stadt entfernte See ist eines der wärmsten Gewässer in der Region. Dass er, was die Temperatur angeht, angeblich selbst deutschlandweite Vergleiche nicht zu scheuen braucht, glaubt man beim Hineinhüpfen nur allzu gerne. Die äußerst pittoreske Lage des Steinsees – eingebettet in eine sanfte Hügellandschaft zwischen dichten Wäldern und offenen Wiesen – verdankt er der Eiszeit: Nachdem sich die Gletscher zurückgezogen hatten, blieben ein paar vereinzelte Eisblöcke zurück. Viel später schmolz dieses sogenannte Toteis, und so

Wüsste man nicht, dass da mitten im Wald der Steinsee liegt, könnte man ihn leicht übersehen.

in Bayern – von der Erschließung und Zerstörung durch Gewerbegebiete bedroht.

Von Moosach her rollt das Rad noch ein wenig den Berg hinunter; gleich hinter der Straßenkreuzung, an der rechterhand der Steinsee ausgeschildert ist, biegt ein Forstweg rechts ab. Diesem folgen und noch ein kurzes Stück durch den Wald. Dann nochmal rechts, wieder rechts, links und schon trägt die Luft freudiges Jauchzen vom »Neue Moosacher Bad« am südöstlichen Ende des Sees herüber – eine kleine Badestelle mit Liegewiese, die als schlichter, aufgeräumter Waldboden daherkommt. Der mit Abstand schönste aller Liegeplätze befindet sich auf dem kleinen Steg; um sich dort breitzumachen, muss man allerdings recht zeitig da sein. Wenn es ein Quäntchen mehr Sonne sein soll, hüpft man kurz die zehn Meter zum Waldweg – auf der anderen Seite

entstanden herrlich gelegene Seen. Der Steinsee speist sich aus reinem Quellwasser und hat daher eine hervorragende Wasserqualität. Hier den ganzen Tag zu verbringen ist wirklich ein Leichtes!

Der kürzeste Weg zum Radeln führt von der S-Bahn-Haltestelle Kirchseeon zum Steinsee. Wer nicht allzu genau auf die Minuten schaut – und wer will das schon an einem dieser perfekten Sommertage – steigt erst in Grafing aus und radelt einfach noch einen Kilometer mehr über Taglaching und Moosach zum Steinsee. Zwar düst auf der kleinen Straße, die sich durch das Taglachinger Tal schlängelt, auch hin und wieder ein Auto um die Kurve, aber insgesamt geht es angenehm beschaulich zu. Das Tal ist eine Bilderbuchidylle, wird allerdings – wie derzeit vielerorts

> **FAZIT: ANBADEN SCHON IM APRIL? WARUM NICHT! SCHLIEßLICH GILT: WARM, WÄRMER, STEINSEE.**

Hin & Weg: S4 bis Grafing, zurück ab Zorneding.

Dauer & Strecke: 8 km radeln von Grafing, 11 km nach Zorneding, dazwischen ausgiebig baden.

Beste Zeit: Schon mit den ersten warmen Frühsommertagen, hervorragend an richtig heißen Sommertagen.

Ausrüstung: Rad und Badezeug, kleine Verpflegung nicht vergessen.

bietet sich ein kleiner, gemähter Wiesen-
streifen. Wem der naturnahe Badeplatz zu
einfach ist, der kann auf die Nordseite ins
»Familienbad Steinsee« ausweichen: Gegen
eine kleine Gebühr bekommen vor allem
Familien hier alles fürs Badeglück: Lauschige
Liegewiesen unter Bäumen und einen Kinder-
spielplatz, ein Restaurant und einen Biergarten. An richtig heißen Tagen ist es dort allerdings fix mal rappelvoll.

Zurück zur Bahn bietet es sich an, schon
»stadteinwärts« zu radeln: Zunächst den
Rad-Wegweisern nach Esterndorf folgen, kurz
vor den Häusern dann rechts auf einen Waldweg, Richtung Kirchseeon. Im Wald kommt
man auf eine T-Kreuzung, dort links und bald
wieder dem ausgeschilderten Weg rechts
nach Zorneding folgen.

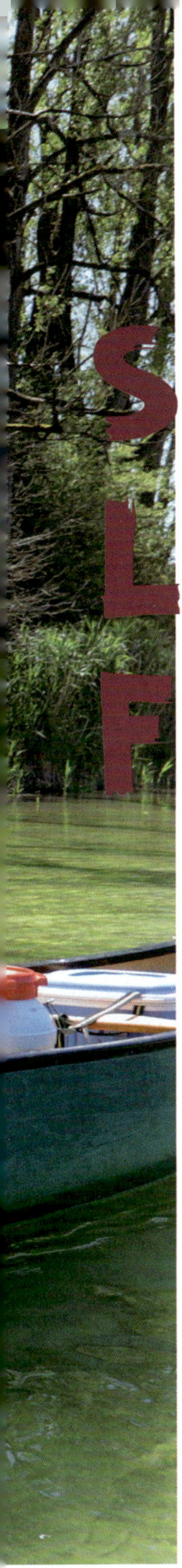

SLOW LIFE AM FLUSS

… mit dem Kanu auf der Amper

#26

Wasser und Sonnenschein, Kanu und Urlaubsglück. Wenn doch nur ewig Sommer wäre! Wie gut, dass sich ein Tag auf der Amper mit gemächlichem Dahinpaddeln und gemütlichem Pausieren auf ein Maximum an Sommerleichtigkeit verlängern lässt.

#Amper #Kanufahren #paddeln #Sonne #Ampermoos #Amperauen

Erst mal eine Pause! Die ist schließlich verdient, wenn man die spritzige kleine Stromschnelle bei Schöngeising passiert hat. Auf den knapp 20 Kilometern der Amper-Kanufahrt zwischen Stegen und Fürstenfeldbruck locken zwar eine ganze Reihe hübscher Plätze zum Anlanden. Doch der hier ist besonders. Denn die Stromschnelle ist das fahrtechnische Mini-Highlight auf der ansonsten in diesem Abschnitt gemütlich daherkommenden Amper.

Direkt hinter der Stromschnelle also: Das Kanu ans Ufer gesteuert und gesichert, den Kocher angeschmissen und das Teewasser erhitzt. Beim Blick in den Fluss die Gedanken forttreiben lassen. Später vielleicht sogar in das ruhige, erfrischende Kehrwasser neben der Stromschnelle steigen. Sommerleichte Stunden satt!

Seine juvenile Ungestümheit hat der Fluss, der am Oberlauf noch Ammer heißt, im Ammersee verloren. In Stegen, wo die Tour beginnt, schwappt er als Amper über eine kleine Grundschwelle in das Ampermoos. Der nun ruhige, zunächst schilf- und später baumgesäumte Flusslauf ist besonders bei Kanu-Neulingen und Familien beliebt. So elegant

---

Hin & Weg: Mit dem Auto bis Stegen (am Ammersee). Alternativ für kürzere Strecken mit der S4 nach Grafrath oder Schöngeising, zurück ab Fürstenfeldbruck.

Dauer & Strecke: Ein Tag auf dem Wasser, ca. 18 km.

Beste Zeit: Mitte Juli bis Oktober.

Ausrüstung: Kanu-Ausrüstung für Zahmwasser. Badesachen, Sonnenschutz, Wechselwäsche, kleine Brotzeit.

Übrigens: Wer geführte Touren sucht oder Ausrüstung leihen möchte, ist bei Marc Müller von Wilderness Watertours (www.watertours.de) richtig.

Ab Mitte Juli, wenn die Vorgelbrutzeit vorüber ist, lässt sich am Badehaus in Stegen starten und die Amper bis Fürstenfeldbruck befahren.

und einfach es aussehen mag, ein wenig Naturtalent oder etwas Übung sind vonnöten, um das Kanu auf einigermaßen geradem Kurs zu manövrieren.

Ist das Technische geklärt, stehen alle Zeichen auf Naturgenuss: Je nach Wasserstand fließt die Amper mal träger, mal zügiger durch die naturnahe Landschaft. In Grafrath geht es über eine kleine Sohlschwelle, die seit 2013 die Amper etwas aufstaut und damit der Wiedervernässung des Ampermooses dient. Hinter Grafrath dann hat die Amper eine breite Schlucht gegraben, die mit lieblichen Plätzen zum Anlegen daherkommt. Wer lieber noch ein Stück weiter paddelt, findet an der eingangs erwähnten Schöngeisinger Stromschnelle nochmals einen Pausenplatz. Auf der Kiesbank, die sich mitunter am linken Ufer bildet, ist es an heißen Nachmittagen angenehm schattig. Ohne Frage: Dieser Sommertag dürfte ewig dauern. Ausstieg aus der Ampertour ist eine knappe Stunde flussabwärts in Fürstenfeldbruck unweit des Klosters. Vielleicht ist ja ein Abendessen im Klosterstüberl, wo nach Slow-Food-Philosophie gekocht wird, der überhaupt gebührendste Ausklang des langsam-entspannten Kanutages auf der Amper.

Tipp: Der Amperabschnitt zwischen Stegen und Fürstenfeldbruck lässt sich auch in Teilen hinunterpaddeln und so mit dem MVV erkunden. Ein- und Ausstiegsmöglichkeiten bestehen in Grafrath und Schöngeising. Zwischen diesen beiden Orten kann die Amper ganzjährig befahren werden.

FAZIT: DIE ELEGANTE UND ENTSPANNTE ART, SICH IN ANSONSTEN UNZUGÄNGLICHER NATUR ZU BEWEGEN.

SUP IST SUPER

… stehend über den Pilsensee

#27

Urlaub daheim? Nichts einfacher als das: Aufs Board steigen, rauspaddeln, abschalten. Ein, zwei Stunden Stand-up-Paddling auf dem Pilsensee dürften große Fernreisen sogar toppen – zumindest, was den Entspannungsfaktor angeht.

#SUP #Pilsensee #Sonnenuntergang #TagamSee #Erfrischungpur

Besonders stimmungsvoller Moment am ruhigen Pilsensee: In den Sonnenuntergang paddeln.

Lässt es sich an einem dieser sommerlichsten aller Sommertage überhaupt irgendwo besser aushalten als an, in und auf dem Wasser? Wenn am Nachmittag kein Lüftchen mehr geht, spenden die Bäume im Strandbad in Seefeld angenehm kühlenden Schatten. Und wenn es selbst dort zu warm wird, helfen ein paar erfrischende Schwimmzüge im Wasser. Nun wird im Pilsensee aber schon lange nicht mehr nur geschwommen. Mindestens genauso gut lässt sich das Stand-Up-Paddling (SUP) erlernen: Wirklich neu ist Stehpaddeln nicht. Schon die polynesischen Fischer bewegten sich auf dem Meer rund um Tahiti stehend auf ihren Kanus. Viel später besannen sich Surfer auf Hawaii auf diese alte Technik, um mithilfe des Paddels schneller vom Ufer zu ihren geliebten wellenbrechenden Riffen zu gelangen. Von Wellen kann an SUP-Idealtagen

am Pilsensee wirklich keine Rede sein. Er ist das zweitkleinste der fünf namensgebenden Gewässer des Fünfseenlands. Gerade das macht ihn für Anfänger besonders interessant. Recht gutmütig kommt er daher und verheißt neben einer Menge Entspannung auch schnelle, kleine Erfolge: Mit dem SUP-Board in das seichte Wasser steigen, aufhocken, aufrichten

Hin & Weg: S8 Seefeld-Hechendorf, von dort 20 Min. zu Fuß oder fix mit dem Rad.

Dauer: Ein Sommertag; davon – für den Anfang – 1–2 Std. SUPen.

Beste Zeit: Im Hochsommer.

Ausrüstung: Badesachen ... und die Sonnencreme nicht vergessen! SUP-Ausrüstung gibt es bei Bavarian Waters (www.bavarianwaters.com) am Campingplatz in Seefeld, direkt neben der Wasserwacht.

und die ersten Paddelzüge durch das Wasser ziehen – das andere Ufer scheint da selbst für SUP-Novizen gar nicht so weit entfernt. Auch in der Längsrichtung ist der See überschaubar. Einmal ausbalanciert und in Ufernähe probiert, steht einer spontanen Umrundung oder Durchquerung des Wassers gar nicht allzu viel im Weg. Zumal es keinen Schiffsverkehr auf dem See gibt. Die Grundlagen des SUPen sind beinah selbsterklärend, trotzdem ist ein kurzer Basiskurs hilfreich. Bei »Bavarian Waters«, einer der beiden SUP-Verleihstationen am Pilsensee, lernt man in rund zwei Stunden die Technik von Basisschlag, Bogenschlag und Cross-Bow kennen und erfährt, wie sich die anfänglichen Kippler auf dem Board abfangen lassen. Dann also: Das Paddel vorn neben dem Board ins Wasser stechen, nach hinten durchziehen und auf Fußhöhe aus dem Wasser heben. Abwechselnd ein paar Mal rechts, dann wieder links. Zu hören ist nur das leichte Strudelgeräusch, das beim Paddeln entsteht. Ansonsten schiebt sich das Board still durch das Wasser. Mit etwas Gleichgewichtssinn muss man auch keine Angst haben, ins Wasser zu fallen. Schwimmen können muss man natürlich trotzdem.

Eine ganz besondere Stimmung kommt auf, wenn in den Abendstunden die meisten Badegäste allmählich den See verlassen und sich die Sonne hinter dem westlichen Ufer davonmacht. Man wähnt sich beinahe auf einer einsamen Insel, wenn man dann mit dem Board durch den ruhigen See gleitet.

FAZIT: VIELLEICHT DER NEUE LIEBLINGS-SPORT? VON GEMÜTLICH BIS RICHTIG SPORTLICH GEHT SCHLIEßLICH ALLES.

SCHLEIFEN SCHLENDERN

 ... Wasserburg bei Regen

#28

Manchmal braucht man eine Auszeit in der City. Besonders, wenn sich ein solch herrliches Altstadt-Ensemble in eine derart außergewöhnlichen Landschaft kuschelt wie im quirligen Wasserburg. Eine Fahrt hierher lohnt auch bei schlechtem Wetter.

#Innschleife #Inn-Salzach-Stil #Hausfassaden #bunt #Wasser

Paynesgrau neben Titangoldocker, Venezia-
nischrot neben Kobaltazur, flankiert von
Chromoxidgrün – so könnte die Wahl ausfallen, wollte man sich an Wasserburgs Fassaden auf Papier bringen. Denn das zau-
berhafte Städtchen wirkt, als sei es dem
Aquarellmalkasten entsprungen. Besonders
an Tagen, wenn die Regenwolken schwer
über dem Inn hängen – so als wollten sie
jede Sekunde ihr Wasser ausschütten und
die Pastellfarben auswaschen. Die kleine
Altstadt liegt schon seit dem Mittelalter
in der pittoresken Innschleife. Mit weit nach
oben gezogenen Häuserfronten, die sich –
dicht an dicht gedrängt – zu lauschigen Gassen und respektablen Marktstraßen formie-
ren. Hier ein Laubengang, dort ein wenig
Stuck oder ein Erker. Ganz viel Bunt. Und siehe
da: Selbst der plötzlichste Platzregen kann

Wasserburg nichts von seiner farbenfrohen
Schönheit nehmen.

Würde man der Stadt damit nicht Unrecht
tun, ließe sich Wasserburg als Idealziel be-
schreiben für Frühsommertage, deren mor-
gendliche Schwüle schon erahnen lässt, dass
der Regenschirm irgendwann in den nächsten Stunden ein Muss ist. Für Tage also, an
denen der Drang nach dem Draußensein
so immens wie auch immens behindert
scheint. In Wasserburg lassen sich an solchen
Tagen wunderbar Schleifen schlendern: Vielleicht ja erst einmal in eines der Cafés, wie
die »Wasserburger Backstube« oder in »Die
Schranne«. In historisch-schiefen wie heimeligen Gemäuern kann man das Gröbste
wunderbar aussitzen, bevor es dann, wieder
trockener, über die kleinen Plätze, durch die

Umrahmt von ganz viel Grün: die Altstadt von Wasserburg in der Innschleife.

Gassen und auch ein paar Stufen hinauf zur namensgebenden Burg geht, die heute ein Seniorenheim beherbergt.

Hat sich das Wetter gefangen, spricht nichts gegen einen Spaziergang direkt am Wasser von der Roten Brücke stromabwärts entlang der Landzunge, die dem Inn seine außergewöhnlich wohlgeformte Schleife verleiht. Sind die letzten Häuser erreicht, muss man sich entscheiden – gleich wieder in das bezaubernd-bunte Fassaden-Wirrwarr der quirligen Altstadt abbiegen, oder ein wenig weiter gehen? Auf einem gut zweistündigen Weg wäre dann nämlich doch noch etwas Natur drin: Dem Inn an der Schiffleutkapelle vorbei bis unter die Innbrücke folgen, den Fußweg hinauf und über die Brücke zum anderen Ufer, dort sofort wieder rechts von der Stra-

ße abbiegen und Richtung Wasser hinunter. Kurz darauf links und – nun stromaufwärts – vorbei an drei Gehöften und in den Buchenmischwald hinein. Nach knapp drei Kilometern ist der Aussichtspunkt »Schöne Aussicht« erreicht. Zwar könnte man dorthin auch auf ganz direktem Wege von der Roten Brücke und in einer guten Viertelstunde kommen, aber dann hätte man ja das ruhige Schleifenschlendern verpasst.

Hin & Weg: Über Grafing nach Wasserburg (MVV-Tarif), Bus in die Stadt.

Dauer & Strecke: Gemächlich einen Tag lang die Stadt genießen und schlendern, ca. 8 km.

Beste Zeit: Ganzjährig; wenn es auch die Inn-Wanderung sein soll: Eher im Sommerhalbjahr.

Ausrüstung: Regenschirm.

Vom 70 Meter hohen Steilufer jedenfalls gäbe es eine der bekanntesten Ansichten zu aquarellieren – Kadmiumrot und Lichter Ocker kämen dazu wohl in Frage, Turners Gelb und Perylengrün.

IN DIE BLAUE STUNDE SCHWEBEN

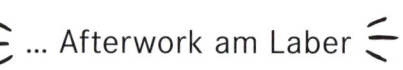 ... Afterwork am Laber

#29

Warum eigentlich das Wochenende nicht schon am Donnerstag beginnen lassen? Und die Blaue Stunde hoch über dem Tal auskosten? Im Sommer fährt die Bergbahn in Oberammergau ein Mal pro Woche bis spätabends und ermöglicht einen entspannten Afterwork am Berg.

#Laber #Ammergauer Alpen #Naturpark #BlaueStunde #Käsespätzle

Nach dem Afterwork gelangt man fix zurück ins Tal: Sechs Minuten dauert die Fahrt mit der Laber-Bergbahn.

Aus norddeutscher Sicht ist München ja sehr nah an den Bergen. Aus, sagen wir mal, Innsbrucker Sicht jedoch verdammt weit weg von den Bergen. So ist es für Bergbegeisterte in der bayerischen Landeshauptstadt eher die Ausnahme, »mal schnell zum Afterwork« am Berg zu sein. Es sei denn, es ist der Olympiaberg. Von dem lässt sich bei gutem Wetter immerhin wunderbar zu den »echten« Bergen schauen. Wohin aber, wenn es tatsächlich zu einem Afterwork an einen richtigen Berg gehen soll? Eine hübsche Option ist der Laber bei Oberammergau. Je nachdem, wo man in München arbeitet, ist der in 60 bis 90 Minuten zu erreichen. Von der Talstation der Laber-Bergbahn ist der Weg über die Laberköpfe gut ausgeschildert und recht einfach zu finden. Nur gleich am Anfang, wenn der Schotterwegteil aufhört, heißt es einmal kurz aufpassen: Nicht geradeaus in die Wiese weiterlaufen, sondern nach links an den Berg schauen. Dort verschwindet der Pfad »Steig-like« im Wald. An den Schartenköpfen geht es in Kehren weiter, kurz sogar an einer seilversicherten Stelle vorbei. Vor allem wegen dieser ein wenig ausgesetzten Meter ist der ansonsten recht einfache Weg auch rot markiert und damit als mittel-

schwer gekennzeichnet. An den Schartenköpfen darf man sich gleich mal von diesem
Ammergauer-Alpen-Gefühl überrumpeln lassen. Und eigentlich wäre schon das ein
ziemlich perfekter Spot, um auf die Abend-
dämmerung hoch über dem Tal zu warten.

Doch bequemer sitzt es sich ein Stück
weiter bergauf bei einem Bier auf der Terrasse der Berggaststätte der Laber-Bergbahn.
Und erst der Blick: Bei passenden Bedingun-
gen taucht der Sonnenuntergang alles in eine
schier endlose Palette von Pink- und Rosatö-

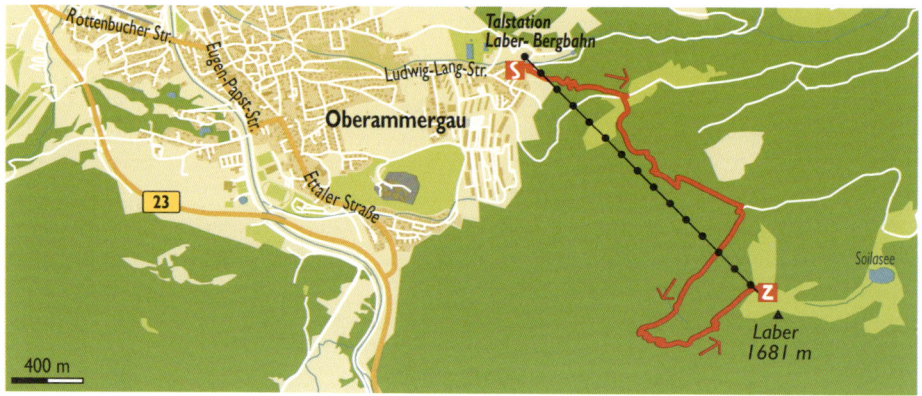

»Vorn herum« über die Schartenköpfe zum Laber. »Hinten herum« ginge es leicht und unwesentlich länger über den Soilasee hinauf.

nen, vor allem das Wetterstein, das ganz im Westen in der Zugspitze gipfelt.

Und dann ist sie plötzlich da, die Blaue Stunde. Dieser Moment zwischen dem Untergang der Sonne und dem Einbruch der Nacht. Mit einem tiefblauen und doch hellen Himmel. Während der längsten Tage im Jahr, rund um die Sommersonnenwende, hat man natürlich die meiste Zeit, um die Blaue Stunde hoch über dem Tal zu genießen: Sonnenuntergang ist dann kurz vor halb zehn. Ende August verschwindet die Sonne bereits vor neun Uhr hinter den Bergen. Natürlich ließe sich nach einer Gipfelrast auch noch eine nächtliche Wanderung hinunter ins Tal dranhängen. Doch es geht viel bequemer: Im Juni, Juli und August ist am Laber »Langer Donnerstag«. Bis 22 Uhr fahren dann die vier Gondeln. Damit ins Tal schweben, bequemer geht's kaum.

FAZIT: WENN SICH »AFTERWORK« AUF »HIKE«REIMEN SOLL, DANN IST DER LABER EIN ZIEMLICH PERFEKTES ZIEL. LOHNENDER AUFSTIEG AUCH FÜR ALLE, DIE BERGBAHNGIPFEL SONST EHER MEIDEN.

Hin & Weg: Kostet man die Blaue Stunde am Berg aus, gibt es für die Rückfahrt keine geeignete Bahn-Verbindung nach München mehr – deshalb am besten mit dem Auto.

Dauer & Strecke: 2,5 Std. Aufstieg ab Talstation Laber-Bergbahn, ca. 4,5 km.

Beste Zeit: Juni bis August. Fahrtzeiten der Bergbahn auf www.laber-bergbahn.de.

Ausrüstung: Feste Bergschuhe.

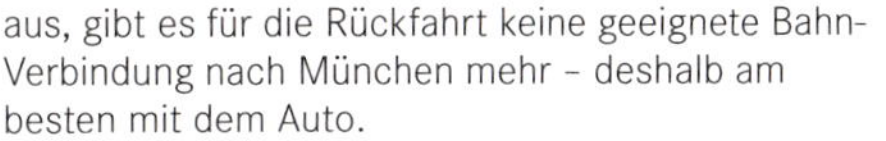

IM HOPFEN–HIMMEL

... Fotosafari in der Holledau

Bayern ohne Bier? Das scheint genauso undenkbar wie die Holledau ohne Hopfen! Beiden lässt sich auf einer ganz privaten Fotosafari auf die Spur kommen – und auf den Geschmack. Denn die bayerischste aller Pflanzen wird im Herzen des Freistaats im ganz großen Maßstab angebaut.

#Hopfen #Holledau #Bier #Dolde #Fotosafari #Klosterbier

Wie mächtige Mikado-Meisterwerke ragen die Gerüste, an denen der Hopfen emporklettert, schon aus der Ferne in den Himmel. Zwischen meist sieben Meter hohen Holz- oder Betonstangen ist Drahtgeflecht gespannt, an dem von April bis August die Hopfenreben wachsen. Die Hopfenfelder der Holledau geben eine außergewöhnliche Fotolocation ab: Ihre Stangen und Drähte rastern als Parallelen und Diagonalen gleichmäßig die Landschaft. Zu Beginn der Saison wirken diese Hopfenfelder filigran. Später im Sommer, kurz vor der Ernte, bildet der Hopfen hohe, grüne Mauern. Bei genauem Hinschauen lassen sich viele Details ausmachen; wie die kleinen Klimmhäkchen des Hopfens, mit denen er sich an den

Feldweg hinein. Dort ist der Radweg nach Wolnzach bereits ausgeschildert. Einen ersten Höhepunkt bildet das besonders fotogene Dörflein Lohwinden, in dem die Hopfenpflanzen im Sommer die kleine katholische Wallfahrtskirche zu überragen scheinen. Kurz hinter dem Dorf macht man (erstmals) Bekanntschaft mit den Hügeln der Holledau – es geht für ein paar Meter bergauf, nur um diese Höhenmeter alsbald Richtung Wolnzach wieder hinabzusausen. Wolnzach ist das Herz der Holledau, und seinem Marktplatz sieht man an, dass mit dem Hopfenanbau auch der Wohlstand in die Gegend kam. Hier informiert das Deutsche Hopfenmuseum (www.hopfenmuseum.de) ganz genau über die grüne Klettermeisterin. Entlang kleiner, ruhiger Landstraßen folgt man dann von Wolnzach bis Schweitenkirchen der hervorragenden Ausschilderung der »Hopfentour - Spange 5«, eine Abkürzung des Fernradwegs »Hallertauer Hopfentour«, dessen Hauptroute in Schweitenkirchen wieder erreicht wird. Jetzt etwas Obacht geben bei der Wegfindung – weiter den Hopfentour-Wegweisern folgend geht es über Niederthann und Entrischenbrunn nach Ilmmünster, und dort hinter der Brücke links zum Bahnhof Reichertshausen.

Drähten hochwindet. Wer sich für eine einzelne Pflanze etwas mehr Zeit zum Fotografieren lässt, könnte ihr auch gleich beim Wachsen zuschauen, denn bis zu 30 Zentimeter Wuchshöhe pro Tag sind ohne Weiteres drin. Ein besonders schöner Moment für den Ausflug in die Holledau ist der August, kurz vor der Ernte, wenn die Felder übervoll von Abermillionen zapfenförmiger gelbgrüner Hopfendolden sind.

Um ein wenig auf Tuchfühlung mit der Holledau und ihrem Hopfen zu gehen, bietet sich eine knapp 30 Kilometer kurze Radltour an, zu deren Ausgangs- und Zielpunkt es an der Strecke München-Ingolstadt regelmäßige Bahnverbindungen gibt: Am Bahnhof Rohrbach die Bahnhofstraße an den östlichen Ortsrand nehmen und über die Kreuzung in den

Wer nach knapp 30 Kilometern in den Beinen und jeder Menge Hopfenmotive auf der Speicherkarte noch Lust auf ein Abschluss-Bier hat, der tritt ab Ilmmünster noch mal fünf Kilometer in die Pedale und fährt – weiter der Hopfentour folgend – nach Scheyern. Frischer als im lauschigen Biergarten des dortigen Benediktinerklosters lässt sich das Klosterbier kaum genießen. Die letzten fünf Kilometer

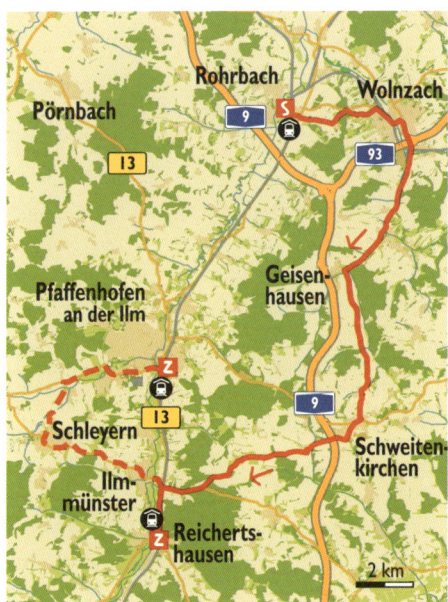

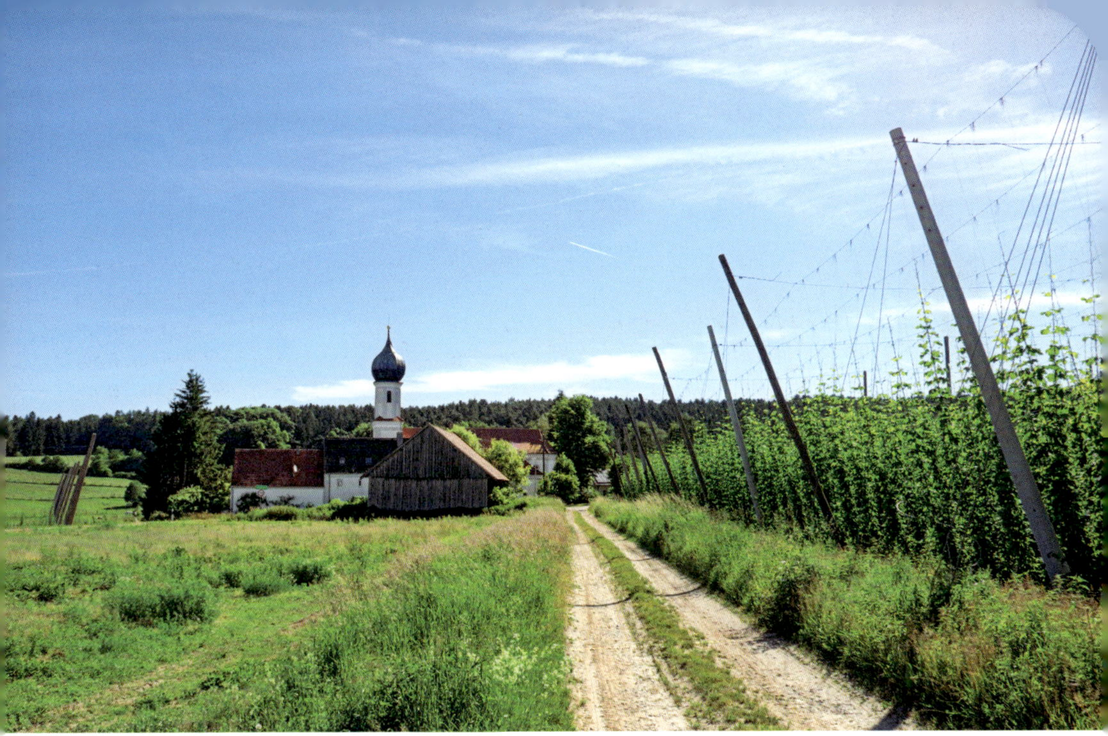

zum Bahnhof Pfaffenhofen radeln sich später auch noch fix Richtung Ilm hinunter.

FAZIT: GRÜNE FOTO-SAFARI IN EINE UNTER AUSFLÜGLERN ÜBERRASCHEND UNBEKANNTE UND DABEI SEHR FOTOGENE REGION.

Hin & Weg: Bahn bis Rohrbach, zurück ab Reichertshausen (oder, in der verlängerten Variante, ab Pfaffenhofen).

Dauer & Strecke: Entspannte 2,5 Std. Radlzeit, ca. 28 km. Hinzu kommt Zeit fürs Fotografieren & Co.

Beste Zeit: August, wenn der Hopfen kurz vor der Ernte steht. Auch im Winter und im Frühsommer lohnend.

Ausrüstung: Ein paar Gänge am Rad schaden nicht. Kamera nicht vergessen!

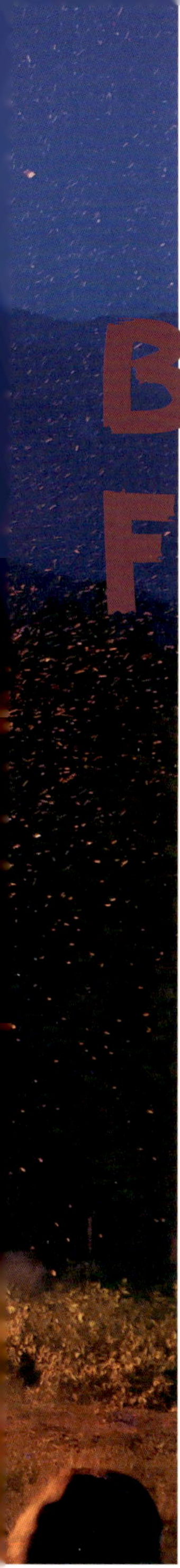

BERGE IN FLAMMEN

… zur Sonnenwende auf der Neureuth

#31

Zu den längsten Tagen im Jahr gehört eine der vielleicht schönsten alpenländischen Traditionen: das Johannifeuer. Weit über dem Tal in das Feuerlodern zu schauen, ist besonders faszinierend. Dafür wird man selbst als Frühaufsteher gerne mal zur Nachteule.

#Mittsommer #Sonnenwende #Sommer #längsterTag #Johannifeuer

Gekalktes Mauerwerk, Holzschindeldach und ein kleiner Glockenturm - die Kapelle auf der Neureuth.

Meterhoch schlagen auf der Neureuth die Flammen des Johannifeuers in die Höhe. Ein kräftiges Rot-Orange. Wie von unsichtbarer Hand geführt, folgt das Feuer einer sanften Choreographie. Der leichte Wind löst Abermillionen Funken, die hinaufsprühen in den dunkelblauen Himmel und in die Nacht tänzeln. Je nach Region sind die Johannifeuer auch als Bergfeuer bekannt. Oder schlicht als Sonnwendfeuer, denn schon in heidnischen Zeiten hofften die Menschen, mit diesem Feuer zur Sommersonnenwende sich und die Tiere vor bösen Geistern und Krankheiten zu schützen. Ob nun das reine Hinschauen in das Feuer tatsächlich Glück bringt, wie es der überlieferte Volksglaube besagt, sei dahingestellt. Es macht aber in jedem Fall eins: in diesem Moment sorglos und unbeschwert. Falls man es einrichten kann, lohnt es sich, ruhig mit etwas extra Zeit vor dem eigent-

lichen Feuer zum Berggasthof Neureuth zu kommen. Ein Bier bestellen, etwas essen. Irgendwann fängt die Blasmusik an zu spielen. Selbst wenn man nicht im Freundeskreis auf der Neureuth ist, bleibt man nicht lange allein. Auf der Terrasse kommt man schnell mit den Tischnachbarn ins Gespräch – wie das eben so ist auf gemütlichen Berghütten und -gasthöfen. Oder man genießt, so lange es noch hell ist, einfach den fantastischen Ausblick. Nicht umsonst ist die Neureuth einer der Klassiker unter den Ausflugszielen am Tegernsee.

Das erste Mal Richtung Neureuth unterwegs? Kein Problem – der Weg bergauf ist einfach zu finden: Vom Bahnhofsvorplatz, gleich hinter dem Kiosk, in die Neureuthstraße hinein und der Ausschilderung »Treppenweg« folgen. An dessen Ende wird der Blick über den Tegernsee immer besser. Nun zeigen Schilder zu verschiedenen Wegen durch den Wald hinauf zur Neureuth, die sich in Länge und Art aber kaum unterscheiden. Sie sind einfach zu gehen, nur hin und wieder schmal und wurzelig.

FAZIT: SOMMERSONNENWENDE UND JOHANNIFEUER HOCH OBEN ÜBER DEM TAL? NICHT NUR FÜR AUSGESPROCHENE BERGFEXE BEEINDRUCKEND SCHÖN.

Hin & Weg: BOB bis Tegernsee. Je nach Rückfahrzeit evtl. besser mit dem Auto.

Dauer & Strecke: 90 Min. zur Neureuth – ausgiebige Johannifeier – 60 Min. zurück; ca. 7,5 km.

Beste Zeit: Zum Johannifeuer Ende Juni, genauer Termin auf www.neureuth.com.

Ausrüstung: Stirnlampe für den Rückweg.

Wer am Wanderparkplatz am Ende der Neureuthstraße startet: Kurz hinter dem Parkplatz stehen mehrere Möglichkeiten zur Auswahl, um zum Berggasthof zu gelangen. Empfehlung: Die Variante über den Forstweg am besten für die Rückkehr aufheben. Stattdessen links hinter dem weißen Wohnhaus in Richtung Kobellweg gehen. Nach kurzem, schönem Seeblick trifft man bald auf den von unten kommenden Treppenweg. Alle von dort ausgeschilderten Wege erreichen nach gut einer Stunde eine Waldlichtung, an deren Ende das Gasthaus auftaucht.

Tipp: Wer zwingend auf die BOB Richtung München angewiesen ist, macht aus der Wanderung besser eine kurze Mountainbiketour über die Forststraße. Nach einem entspannten Johannifeuer erreicht man so ohne großes Tamtam die letzte Bahn.

HERBST-GLÜCK SAMMELN

 ... ein Wald- und Wildnachmittag im Ebersberger Forst

#32

Goldene Herbsttage sind nicht nur mit Kindern ein schöner Moment, um im Wald Kastanien zu sammeln. Ein paar der braunen Schönheiten mitzunehmen, gehört einfach dazu – ob als Deko, Handschmeichler oder Bastelmaterial.

Herbst. Die Tage werden kürzer, morgens und abends ist es merkbar kühler als noch einige Wochen zuvor. Im Morgennebel fallen welke Blätter träge von den Bäumen. Doch die Sonne schiebt sich immer wieder kraftvoll an den Himmel. Wenn sich dann die Luft ein weiteres Mal aufgeheizt hat, raschelt das auf den Boden gefallene Laub besonders laut. Dazwischen liegen dicke, stachelige Hüllen, grün oder schon verfärbt, die einen braunen Kern hervorblitzen lassen – das sicherste Zeichen, dass der Herbst jetzt in vollem Gange ist. Befreit man die Kastanien mit sanftem Druck aus ihrer Hülle, sind sie oft noch kühl und ein bisschen pelzig. Doch schon nach kurzem Reiben werden sie zu glänzenden Handschmeichlern; Erinnerungsstücke an diesen goldenen Moment.

Gerade im Herbst trumpft der Ebersberger Forst nochmal besonders auf. Auf einer Radtour über die schnurgeraden Forstwege, die den Wald schachbrettartig in Dutzende Quadrate teilen, finden sich immer wieder hübsche lichte Stellen und prächtige Laubbäume. Wie auf dem Schilcher Geräumt, wo große Kastanien den Weg säumen und fast wie eine goldig schimmernde Allee wirken lassen – genau das ist Herbst!

Los geht es für diese kleine Erkundungstour am Bahnhof Kirchseeon. Von dort zum Friedhof und hinein in den Ebersberger Forst. Dorthin, wo die Wildschwein-Schaufütterung ausgeschildert ist. An der nächsten großen Wegkreuzung nach links, etwa 500 Meter später nach rechts auf das Schilcher

Wo in bayerischen Wäldern Straßennamen fehlten, heißen die Wegschneisen seit Anfang des 19. Jahrhunderts »Geräumt«.

Geräumt, wo schon die Kastanien wachsen und wo später die große Wildruhezone erreicht ist. Hier lohnt sich ein kurzer Zwischenstopp: Mit einem Quäntchen Glück lässt sich von den verschiedenen Wildschaukanzeln so mancher Blick auf das Schwarzwild erhaschen; auf Bachen mit ihren Jungen oder auch auf stattliche Keiler.

Um die Beobachtungsmöglichkeiten voll auszukosten, ab dem Hetzplatz-Geräumt auf die blauen Hinweisschilder des »Hirschweg« achten, einem der beiden Rundwanderwege im Ebersberger Forst. Die Kanzel am Töning-Geräumt überblickt eine besonders große Wiese. Wer noch Zeit hat, kann kurz der Ausschilderung zum Forsthaus Hubertus folgen, wo bei schönem Wetter der idyllisch im Wald gelegene Biergarten geöffnet hat. Jetzt noch mal in die Tasche fassen, mit den Fingern über die Kastanie gleiten und die Erinnerung an diese Sonnenstunden aufsaugen. Dann geht es zurück nach Kirchseeon auf dem direkten etwa drei Kilometer langen Weg, der am Forsthaus ausgeschildert ist. Aber die Rückfahrt darf an einem dieser perfekten Herbsttage auch noch ein wenig warten ...

FAZIT: KASTANIEN, RASCHELNDES LAUB UND DIE GOLDENE HERBSTSONNE – HIER SIND NICHT NUR KINDER IM GLÜCK!

Hin & Weg: S4 Kirchseeon.

Dauer & Strecke: 2 Std. zum Radeln, dazu Stopps bei den Wildschweinen und im Forsthaus Hubertus. etwa 20 km.

Beste Zeit: Herbst zum Kastaniensammeln, ansonsten ab Mai.

Ausrüstung: Rad, evtl. Beutel für Kastanien und Co.

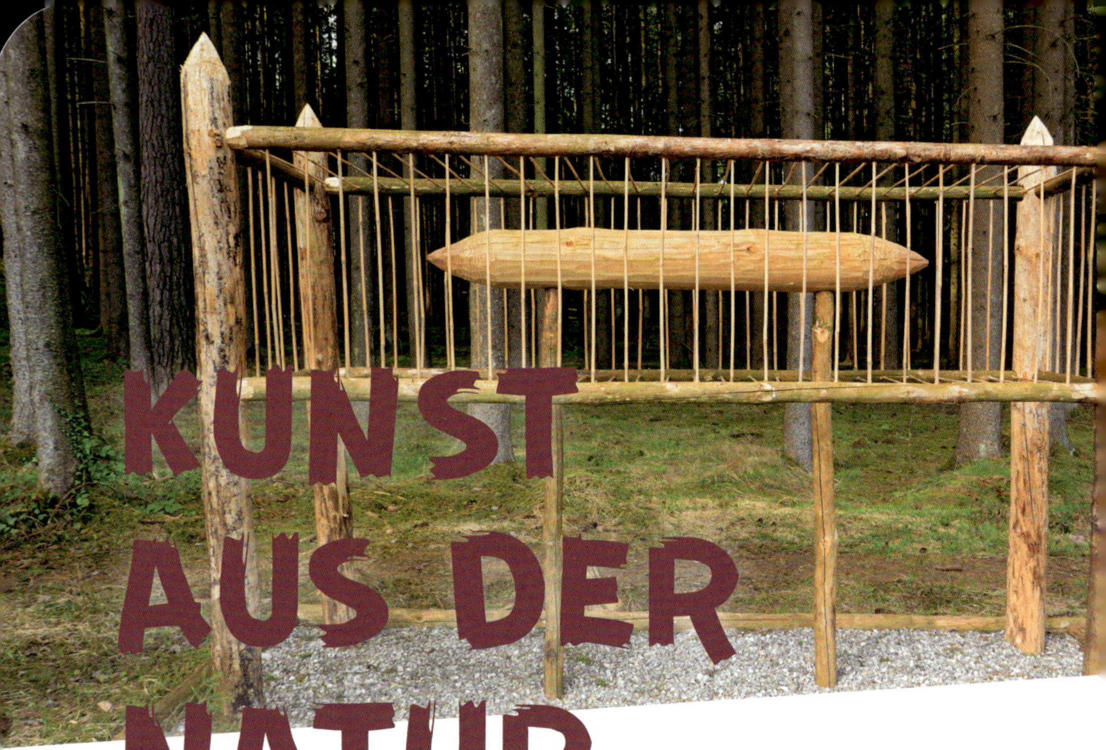

KUNST AUS DER NATUR

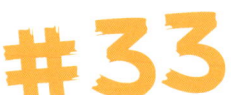

... auf dem LandArt-Kunstpfad Bonstetten

#33

Ein, zwei Stunden in den Wald zu gehen, ist für sich genommen schon eine wunderbare Auszeit vom Alltag. Dabei dann an LandArt vorbei zu schlendern, verhilft auch der eigenen kreativen Ader eins-zwei-fix auf mitunter ganz ungeahnte Sprünge.

#LandArt #Kunstspaziergang #Inspiration #Fantasie #Wald #Naturpark

Ganz bewusst titellos sind die
Land-Art-Werke in den Naturpark
Westliche Wälder gestellt.

Land Art – Kunst aus der Natur und in der Natur, mit Materialien aus der näheren Umgebung, wie Holz und Moos, Sand und Stein. Auf dem LandArt-Kunstpfad rund um Bonstetten, im Naturpark Westliche Wälder, kommt vor allem immer wieder Nagelfluh zum Einsatz. Ein Gestein, das durch die Verfestigung von Flussschotter entstanden ist und fast wie grober Beton wirkt.

Der Künstler Hama Lohrmann, der aus Augsburg stammt und in den westlichen Wäldern lebt, hat die Kunstwerke des LandArt-Kunst-pfads Bonstetten entworfen. Auf knapp sieben Kilometern lassen sich acht von ihm gestaltete Stationen entdecken; gut möglich, dass zukünftig noch das eine oder andere Kunstwerk dazukommt. Start des außergewöhnlichen Waldspaziergangs ist mitten in der kleinen Holzwinkel-Gemeinde Bonstetten, am Dorfplatz. Dort steht Lohrmanns erstes Werk. Auf Titel und Erklärungen wurde bewusst verzichtet, stattdessen ist Raum für die Fantasie eines jeden einzelnen Betrachters. Auf dem gut ausgeschilderten Weg geht es zum nächsten Kunstwerk, neben einem

Hohlweg, an einem Feldrand gelegen; die meisten weiteren Land-Art-Werke werden später im Wald aufgestöbert. Wie für Land Art typisch, sind die verwendeten Materialien weder genagelt noch geleimt. Was einfach gebaut erscheint, wirft auf den zweiten Blick Fragen auf: An einer der Stationen hat Hama Lohrmann gut 20 Holzpfosten kreisförmig in den Boden gerammt. Zwischen den Pfosten sind horizontal jeweils sechs dünne Äste eingesteckt. Doch wo ist der Anfang, wo das Ende? Zaunartig scheint das Gebilde eine junge Eiche zu schützen. Oder wird jemand ausgesperrt?

Die Zeit und das Wetter verändern die Kunstwerke Stück für Stück – irgendwann wird alles wieder aufgelöst sein. Bis es so weit ist, animieren die Objekte die Besucher dazu, selbst kleine Land-Art-Kunstwerke zu schaffen. In den Kunstwerken Lohrmanns scheint das Chaos des Waldes in eine Ordnung gebracht zu sein, beispielsweise in einem an ein Brettspiel erinnerndes Viereck. Und viel öfter noch ist das Chaos in Kreise gedreht, die der Mensch immer wieder als besonders schön, vollendet und strukturiert wahrnimmt. Da verwundert es nicht, dass auch Besucher diese Kreise vielfach aufnehmen. Denn

Hin & Weg: Bahn bis Augsburg, von dort Bus nach Bonstetten, alternativ mit dem PKW.

Dauer & Strecke: LandArt-Spaziergang inklusive eigenem Werkeln etwa 2 Stunden, ca. 6 km (ohne Anfahrt). Mehr unter www.kunstpfad-bonstetten.de.

Beste Zeit: Herbst; ganzjährig möglich, solange es nicht schneit.

Ausrüstung: Für Hintergründiges »Die Lauschtour-App« herunterladen.

Beim Folgen des Kunstpfads kommen die einen in Schnitzeljagd-Stimmung, die anderen bekommen Lust auf ein wenig kreatives Gestalten.

spätestens an der dritten oder vierten Station wird es den einen oder anderen kribbeln: Dann beginnt man selbst ganz unvermittelt, herumliegende Tannenzapfen, Zweige und Holzreste in die Hand zu nehmen und Schritt für Schritt zu arrangieren – hier ein Herz, da ein Stoamandl, dort ein Waldschrat. Nach anderthalb bis zwei Stunden spuckt der Wald den Land-Art-Künstler wieder aus. Vielleicht nicht als anderen Menschen, aber ein bisschen fantasievoller. Einfach mal ausprobieren!

Tipp: Zurück am Ausgangspunkt des LandArt-Pfades lässt sich die Wartezeit auf den Bus zurück nach Augsburg bei einem Bier auf der Terrasse des Bräustüble (www.braeustueble-bonstetten.de) verkürzen. Das Schaller Bier wird zwar inzwischen auswärtig gebraut, stammt aber ursprünglich aus Bonstetten, die Brauerei steht noch immer vis-à-vis.

FAZIT: SINNE BERÜHRT, FANTASIE GEWECKT. UND GANZ NEBENBEI IN DIE RUHE DES BAUENS EINGETAUCHT.

SERVUS SOMMER, HALLO HERBST

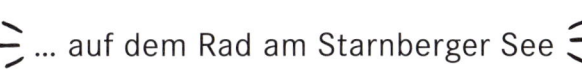 ... auf dem Rad am Starnberger See

#34 *Wenn sich mit dem Wiesn-Bieranstich halb Bayern und die ganze Welt in München treffen, ist der ideale Moment gekommen, um der Stadt für einen Tag den Rücken zu kehren, an den Starnberger See zu fahren und dort ein wenig in die Pedale zu treten.*

An einem Morgen Ende September, Anfang Oktober kann es einen schon mal erwischen: Man steht am Ufer, der Blick gleitet über den See. Die Sonnenstrahlen, die das Gesicht treffen, sind der kleine wärmende Auslöser, um die Augen zu schließen. Ein wenig riecht der See sogar nach Meer. Die Wellen schlagen auf die Kiesel, ganz sanft. So als wolle der See noch mal – ganz leise – Geschichten von lauen Sommerabenden erzählen ... und ein wenig Wehmut wecken, weil auch dieser Sommer schon wieder viel zu schnell vorüber ist.

An einem Morgen Ende September, Anfang Oktober also teilt man sich den Starnberger See nur mit ganz wenigen. Viele Boote sind bereits an Land gezogen, auch hier ist schon das meiste winterfest gemacht. Wer jetzt noch kommt, will diese letzten sommer-

lichen Morgenmomente bis zum Schluss-akkord auskosten. Wozu manch einer noch mal in das Wasser springt; schließlich ist es längst noch nicht zu kalt. Ein anderer steht lange vor der Verkaufstheke des Starnberger-See-Fischers und wählt ein letztes Fischbaguette. Andere radeln noch einmal um den See herum – »Servus Sommer, hallo Herbst«, sagt schließlich ein jeder auf seine ganz eigene Weise.

Knapp fünf Kilometer ist der Starnberger See breit, gut 20 Kilometer ist er lang. Macht etwa 50 Kilometer Strecke. Nicht immer geht's direkt am Wasser entlang, aber oft genug, um an einigen Schwimmplattformen zu halten – und an noch mehr Schiffsanlegern. Um beim Bergblick vom Ambacher Strand-bad aus ins Träumen zu geraten, und um sich vom Bernrieder Park begeistern zu lassen. Die Seeumrundung startet in Starnberg: Aus der S-Bahn fällt man für einen ersten Seeblick mehr oder minder direkt auf die morgendlich leere Seepromenade, schiebt von dort das Rad ein paar Meter Richtung Osten, lenkt weiter zum Strandbad. Und dann geht es weiter, immer weiter, der Radweg-Ausschilderung rund um Bayerns zweitgrößtes Gewässer nach.

Ehrlicherweise ist zu betonen: Entlang des Weges kann man sich ganz schön verlieren. Schließlich kommt der Starnberger See neben der ganzen wunderbaren Landschaft auch noch mit reichlich Kulturellem daher:

Die prähistorischen Pfahlbauten in Kempfenhausen, das Museum Buchheim in Bernried. Und dann noch der Kini: Auf der Roseninsel ließ König Ludwig II. einen Garten für Kaiserin Sissi anlegen. In Berg dann die Votivkapelle und das Holzkreuz an der Stelle im Wasser, an der 1886 der Märchenkönig tot geborgen wurde. Wer über den einen oder anderen Stopp – nicht zuletzt in einem der Biergärten – die Zeit vergisst, kann in Seeshaupt einfach aufs Schiff steigen und zurück nach Starnberg schippern. Oder aber man kürzt die Westseite des Sees ab, indem man von Tutzing aus eine der drei Möglichkeiten nutzt, schon zeitiger in die S6 zurück nach München zu steigen.

FAZIT: NOCH EINMAL KURZ DEN SOMMER FESTHALTEN. GENIESSEN. UND DANN MIT EINEM LÄCHELN GEHEN LASSEN.

Hin & Weg: S6 bis Starnberg.

Dauer & Strecke: Entspannte 4 Std. Radlzeit, mit mehreren Pausen ein ganz gemütlicher, gut ausgefüllter Tag, ca. 50 km.

Beste Zeit: Ende September, Anfang Oktober. Alternativ Frühling und Sommer – dann aber (deutlich) voller.

Ausrüstung: A Radl.

INDIAN SUMMER VOR DER HAUSTÜR

 ... Erkundungen im Weltwald Freising

#35 *Um den farbenfrohen Indian Summer zu erleben oder gar Mammutbäume zu umarmen, muss man eigentlich Koffer packen und kosten- und zeitaufwendig nach Nordamerika fliegen. Eigentlich. Wenn da nicht der Weltwald Freising im Kranzberger Forst wäre.*

#Mammutbaum #Ahorn #Wald #Herbstfärbung #Waldkapelle

Weltwald-Kapelle: Die Filialkirche
St. Clemens, denkmalgeschütztes Überbleibsel des Weilers Oberberghausen.

Alles, was es braucht, um zum Weltwald Frei-sing zu kommen, ist ein MVV-Fahrschein und ein freier Nachmittag. Wenn grad keiner der zugegebenermaßen doch seltenen Busse von Freising zum Weltwald fährt, nimmt man sich am besten ein Rad mit und strampelt fix die sechs Kilometer bis zum Erlebnis- und Exo-tenwald der Bayerischen Staatsforsten. Oder fährt kurzerhand mit dem Auto.

Im Weltwald wachsen, wie der Name schon vermuten lässt, Bäume aus aller Welt: Die Himalaja-Birke und die Orient-Buche, die Kaukasus-Erle und die Kalifornische Fluss-zeder. Und dann noch der Amerikanische Schlangenhaut-Ahorn und der Riesenmam-mutbaum. Die Bäume im Weltwald Freising, von denen die ersten 1987 gepflanzt wurden, sind nach ihrer Herkunft geordnet. Neben den drei großen geografischen Abteilungen Nordamerika, Europa und Vorderasien so-wie Mittel- und Ostasien gibt es Spezial-sammlungen wie das Populetum, in dem sich alles um verschiedene Pappelarten und -sorten dreht. Der einfachste Einstieg: An einem der Info-Pavillons einen der kos-tenlosen Flyer schnappen und für einen der Themenwege entscheiden. Im Herbst ist

Vier Themenpfade führen durch den Weltwald. Im Herbst ist Gelb-Orange-Alarm vor allem in der Abteilung Nordamerika-Ost – der Indian Summer lässt grüßen.

eigentlich mindestens einer der Nordamerika-Pfade Pflicht. Die Exkursion durch die Wälder des Nordamerikanischen Westens erstreckt sich über 1000 Meter, man benötigt dafür etwa 20 Minuten. Der Pfad durch Nordamerika Ost ist mit 1400 Metern etwas länger. Mitte bis Ende Oktober gibt es dort dank Bitternuss, Zweifarbiger Eiche, Zucker-Birke und Co. einen grandiosen Gelb-Flash. Wer ganz gezielt einzelne Baumarten suchen möchte, lädt sich auf der Weltwald-Website die Weltwald-App herunter und legt los (www.weltwald.de).

Im Zentrum des Weltwaldes, ganz in der Nähe des Botanikums, zeigt sich auf einer Lichtung die kleine über 1000 Jahre alte Kirche St. Clemens. Auf dem farnüberwucherten, eingewachsenen Friedhof stehen verwitterte schmiedeeiserne Grabkreuze, die daran erinnern, dass hier einst Bauern ihr Auskommen fanden: Oberberghausen war ein kleiner Weiler mit vier Gehöften. Ende des 19. Jahrhunderts wurde er aufgelassen, um dem umliegenden Staatswald Platz zu machen. Heute ist die Lichtung ein lauschiges Plätzchen für eine Erkundungspause.

Hin & Weg: S-Bahn bis Freising, von dort mit dem Bus 619 bis Ampertshausen oder 6 km mit dem Rad entlang der St 2084; mit dem Auto bis zum ausgeschilderten Weltwald-Parkplatz »Eisweiher« (der zweite von Freising aus).

Dauer: 60 Min. bis open end.

Beste Zeit: Ganzjährig, besonders reizvoll im Herbst.

Ausrüstung: Kleine Brotzeit, falls man länger bleiben mag. Fotoapparat nicht vergessen!

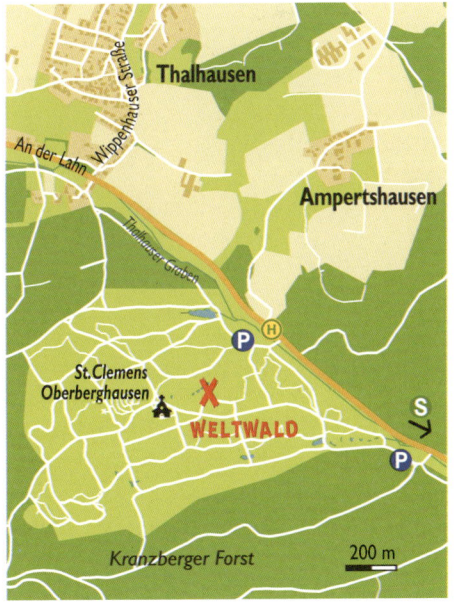

Apropos Pause: Pausenbänke aus Douglasi-
enholz, das im Kranzberger Forst geschlagen
wurde, gibt es auch über den ganzen Wald
verteilt. Für Kinder das Highlight: Unweit der
Kirche beweiden zwei Ziegenherden mit mehr
als 40 Tieren verschiedene Kräuterwiesen.

Auf kleine Waldindianer warten außerdem im
»Amerika-Garten« Felsen und Sandflächen,
ein Totempfahl und Tipis sowie ein Kletterp-
arcours. Wenn der Nachwuchs die erst mal
entdeckt hat, dürfte der Waldausflug noch ein
wenig länger dauern ...

FAZIT: TOLLER HALBTAGESAUSFLUG. VOR
ALLEM IM HERBST. ZUMINDEST DIE HAUPT-
WEGE SIND AUCH KINDERWAGEN-GEEIGNET.

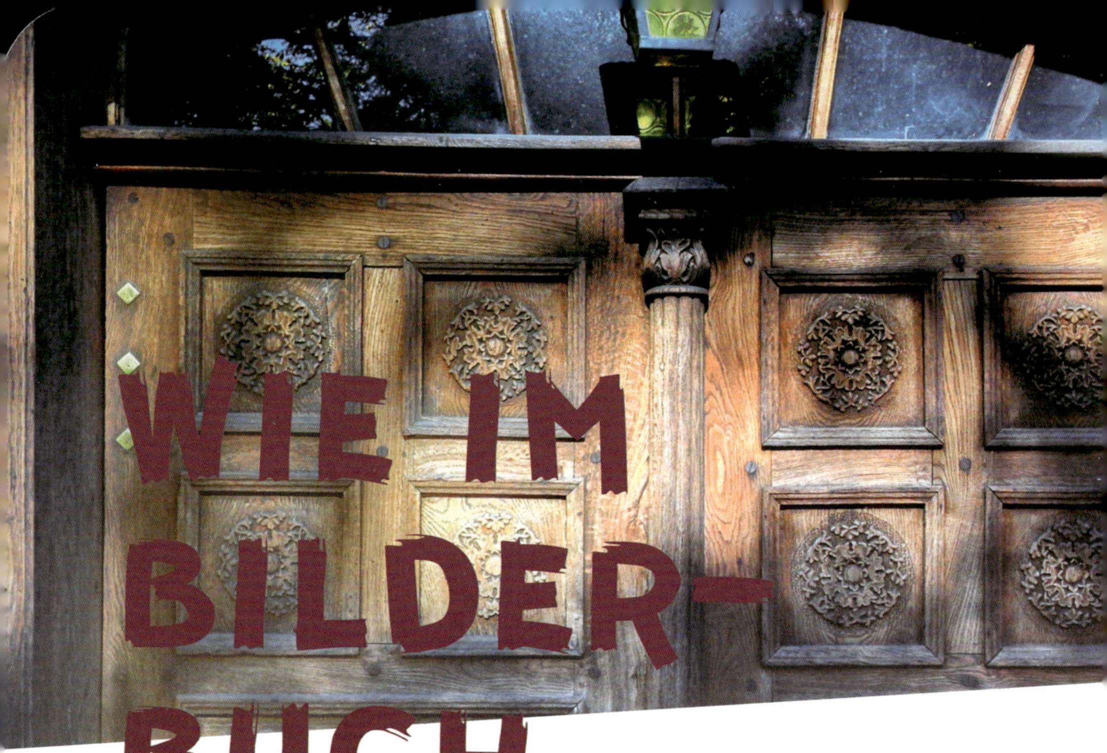

WIE IM BILDERBUCH

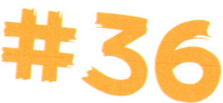

… Wanderung rund um die Aidlinger Höhe

#36

Es gibt diese heimlichen Lieben. Man besucht sie zu jeder Jahreszeit. Immer und immer wieder. Jahrelang genießt man sie allein. Und irgendwann, nicht mehr ganz so geheim, mit Freunden, mit Familie. Ein Beispiel dafür: die Aidlinger Höhe.

#Bilderbuchbayern #Zugspitzblick #Riesenwindbeutel

Von lieblich nach schroff: Aussicht von der Aidlinger Höhe Richtung Ammergauer Alpen und Wettersteingebirge samt Zugspitze.

Ein kleiner Höhenzug ist sie, die Aidlinger Höhe. Nicht zum Auspowern geeignet. Eher zum Genießen – fürs Auge und für den Gaumen. Los geht es am besten in Habach, an der Kirche St. Ulrich, denn dort wartet ein Bilderbuch-Start: Die Straße durch den Ortskern säumen viele stattliche alte Häuser mit kleinen Bauern- oder Rosengärten davor. Vor allem zum Herbst hin, wenn sich der klare, blaue Himmel im wassergefüllten Granitbecken spiegelt, ist sofort die etwas langsamere Gangart des Landes spürbar. Vorbei an einem alten, knorrigen Birnenbaum; einige Meter weiter hängt eine lange Leine über der Wiese, auf der im leichten Wind oft die Wäsche trocknet. Kurz muss man durch die Unterführung der Bundesstraße, einmal nach rechts und etwa 500 Meter weiter wieder nach links,

dort 140 Höhenmeter durch den Wald hinauf. Spätestens jetzt ist auch nichts mehr von dem manchmal doch recht starken Verkehr auf der B 472 zu hören. An der großen Weggabelung rechts ab und etwa 250 Meter weiter leicht links dem Fahrweg bergauf folgen.

Was wie ein ganz normaler Waldspaziergang über Forststraßen beginnt, hält nach diesen mehrmaligen Abbiegungen und Richtungswechseln nach Süd/Süd-West einen ziemlich unerwarteten Höhepunkt bereit. Kurz muss man noch durch ein Weidegatter schlüpfen – und schon eröffnet sich ein prächtiger Blick ins Alpenvorland und auf das Wettersteingebirge. Empfehlenswert ist es nun, hinter dem Holzstadl rechts dem Pfad zu folgen, der nach wenigen Minuten entlang des Höhenrückens

zu einer Aussichtsbank samt kleinem Ge-
denkkreuz führt. Dort gibt es dann eine urbay-
rische Szenerie: Kirchturm und See zwischen
sanften Hügeln im Vordergrund und hohe,
schroffe Berge dahinter. Nach einer Pause
geht es auf der Aidlinger Höhe noch mal ein
paar Meter nach Westen, um ein einzeln stehendes Gehöft herum und dem Wegbogen
folgend bergab ins Dorf.

Wer viel Zeit mitbringt, kann jetzt noch einen
Schlenker zum Riegsee machen und dort an
einer hübschen kleinen Badestelle ins Wasser
springen. Selbst im Spätherbst ist der See mitunter noch angenehm warm. Ansonsten wählt
man den direkten Weg über die Dorfstraße, die
später ein Schotterweg wird und eine knappe Stunde nach Osten führt, bis ein kleiner
Bach erreicht wird. Direkt dahinter, an einer
T-Kreuzung, nimmt man den Weg nach rechts

und geht im Bogen hinunter zum Forsthaus
Hohlmühle (www.forsthaus-hoehlmuehle.de)
Am Forsthaus ist nochmals eine Pause zu empfehlen: Im Sommer lädt der Freisitz mit seiner
alles überschattenden Kastanie zum Bleiben
ein. An kühleren Tagen ist es ein Genuss, bei
prasselndem Kaminfeuer in der hinteren Stu-
be zu sitzen. Bei einem der Wildgerichte. Oder
bei einem wirklich großen Windbeutel, der

Hin & Weg: Mit dem Auto auf der A95 bis Ausfahrt
Sindelsdorf, von dort 4 km nach Habach. Alternativ
Anreise mit Bahn und Bus über Murnau nach Aidling/
Riegsee und Start von dort.

Dauer & Strecke: 3 Std., 10 km. Plus Windbeutelpause.

Beste Zeit: Sehr schön im Herbst, aber zu wirklich
jeder Jahreszeit reizvoll.

Ausrüstung: Im Sommer/Herbst einen Abstecher
zum Riegsee einplanen – Badesachen nicht vergessen.

Auf dem Weg zum Forsthaus Höhlmühle: Spätnachmittagsonne trifft Vor-Abendessen-Freude.

sich wunderbar zu zweit verspeisen lässt. Die Runde endet mit einem kleinen Verdauungsspaziergang von gut 40 Minuten zurück nach Habach. Leider gibt es dabei keine gute und sinnvolle Alternative zu der kleinen kurvenreichen Waldstraße, auf der hin und wieder ein Auto um die Ecke gefegt kommt.

MIT GERADE MAL 140 HÖHENMETERN GENAU DAS RICHTIGE FÜR EINEN AUSGEDEHNTEN SPAZIERGANG. ZU JEDEM WETTER MÖGLICH, AUCH MIT SCHNEESCHUHEN ODER MOUNTAINBIKE.

EIS-LIEBELEI

⪫ ... Winterstarre in der Partnachklamm ⪪

#37

In frostigen Wintern, wenn es lang genug kalt war, ist es an und für sich ein Muss, einen Ausflug nach Garmisch-Partenkirchen zu machen. In die Partnachklamm, eine bizarre Zauberwelt aus Schnee und Eis – so hinreißend wie vergänglich.

#Eisvorhänge #Klamm #eisig #Geotop

Am südlichen Ende der Partnachklamm darf man sich wieder auf wärmende Sonnenstrahlen freuen.

Mächtige Eiszapfen, die vom Felsvorsprung nach unten wachsen und untersetzte Eissäulen, die nach oben entgegenstreben. Bläulich oder grünlich schimmernde Eisfälle, die wie Vorhänge vor den Galerien hängen. Mit glasklarem Eis überzogene Felswände. Alles ist erstarrt. Zumindest fast alles: Zwischen den engen, hohen Felswänden umfließt das Wasser die im Bachbett liegenden schneebedeckten Felsbrocken. Leise gurgelt die Partnach vor sich hin. Wasser spritzt an lange, grazile Eiszapfen, die weit hinabragen und die nun, Tropfen um Tropfen, trompetenförmig anwachsen. Fast scheint es so, als könne man den bizarren Eisgebilden in der Partnachklamm beim Wachsen zuschauen. Dabei braucht auch in dieser wunder-

samen Wasser- und Eiswelt, in die im Winter kaum Sonne gelangt, alles seine Zeit …

Etwa bis die Klamm so aussah, wie wir sie heute kennen: Nachdem das Eis der letzten großen Kaltzeit geschmolzen war, begann das Wasser seine Arbeit. Stück für Stück höhlte und wusch es den harten Muschelkalk aus und ließ im Laufe von 12 000 Jahren das Tal entstehen. Nördlich und südlich der Klamm befindet sich deutlich weicheres Gestein, so dass das Wasser dort ein breiteres Flussbett anlegen konnte. Die Partnachklamm ist gut 700 Meter lang, das Wasser hat sich bis zu einer Höhe von etwa 80 Metern in den Fels gearbeitet. Früher wagten sich nur wirklich trittsichere Jäger, Forstleute und Holzarbei-

Paradeblick von der Partnach-Alm hinauf zu den Wetterstein-Gipfeln (oben). - Hochwinter rund um die Partnach-klamm (rechts).

ter hinein. Dann erfuhren auch immer mehr Touristen von ihr, 1912 wurde die Klamm zum Naturdenkmal erklärt und wird heute in der Liste Bayerns schönster Geotope ge-führt. Um zur Klamm zu gelangen, geht es am Garmischer Olympiastadion los. 20 Minu-ten auf dem breiten ausgeschilderten Weg, kurz durch die Klammkasse und schon ist man mittendrin: Der insgesamt zwar schma-le, aber sehr gut ausgebaute Steig führt direkt neben dem Bachbett – oft nur ein, zwei Meter über dem Wasser – entlang. An den allerengsten Klammstellen sind Stollen und Durchgänge in den Fels gesprengt.

Besonders an Tagen mit zweistelligen Minus-graden kann es sich in der Partnachklamm garstig kalt anfühlen, und die Feuchtigkeit tut das ihrige – vor allem, wenn man viel stehen-

bleibt, staunt und fotografiert. Dann hilft nur noch eins: Am Ende der Klamm, wenn die Szenerie vom einen auf den anderen Meter plötzlich von rau und abweisend auf lieblich und einladend wechselt, den Kreislauf wieder in Schwung bringen. Mit Armkreisen zum Bei-spiel. Oder, indem man zügig den weiteren

Hin & Weg: Bahn bis Garmisch-Partenkirchen, Ortsbus zum Olympiastadion, von dort zu Fuß zum Eingang der Partnachklamm.

Dauer & Strecke: Als winterliche Rundwanderung ca. 3 Std., 7,5 km.

Beste Zeit: Januar/Februar. Bei Tauwetter ggf. vorab anrufen und klären, ob die Klamm geöffnet ist (www.partnachklamm.eu).

Ausrüstung: Warme Kleidung, festes Schuhwerk, Kamera, ein paar Euro für den Eintritt.

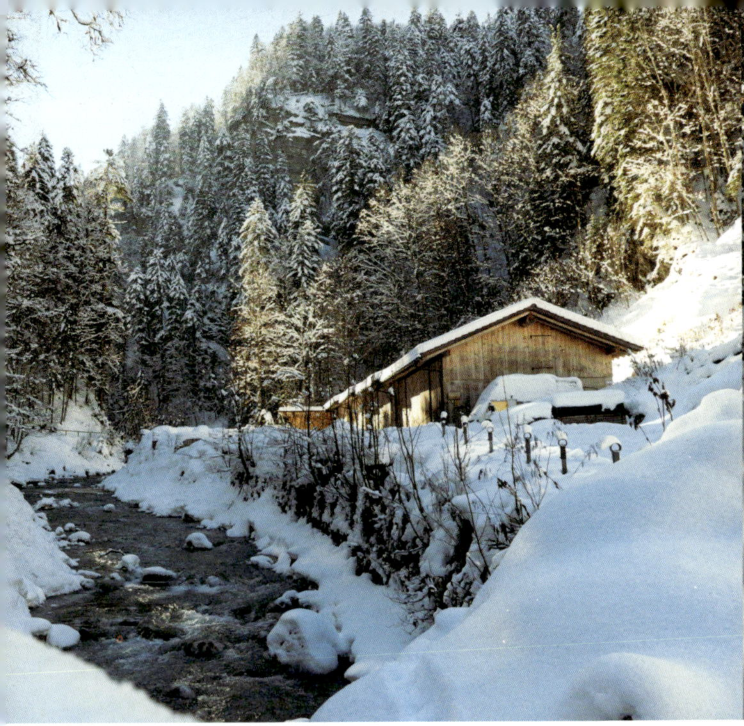

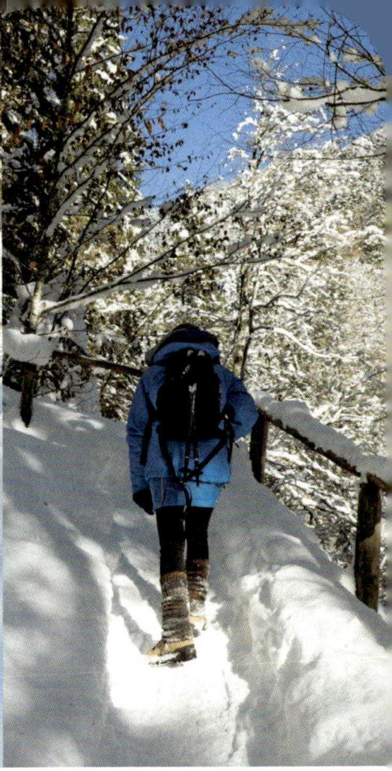

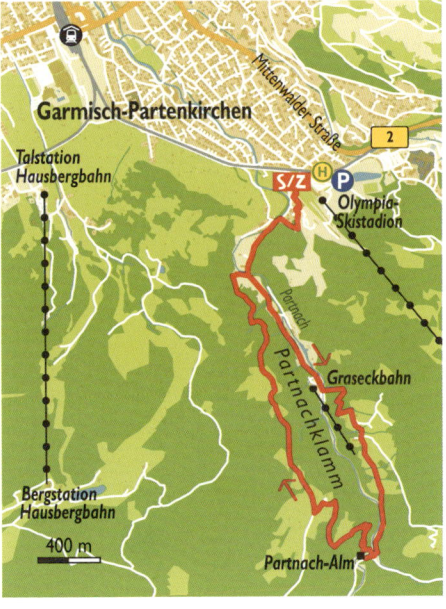

Weg in Angriff nimmt: Zwar ließe sich auch wieder durch die Partnachklamm zurücklaufen. Die empfehlenswertere Option ist allerdings, im Tal ein wenig weiter und über zwei kleine Brücken zu spazieren, bis der Pfad zur Partnach-Alm bergauf führt. Hinaufgestapft und dort oben unbedingt ausgiebig den traumhaften Blick von der Terrasse ins Wettersteingebirge genießen, bevor es über die Forststraße (und Rodelstrecke) wieder zurück zum Ausgangspunkt beim Olympiastadion geht.

FAZIT: ENGE GEBIRGSSCHLUCHTEN WIE DIE PARTNACHKLAMM SIND SCHON IM SOMMER IMPOSANT. WENN DANN ABER IM WINTER ALLES ERSTARRT, WIRD ES ENDGÜLTIG BEEINDRUCKEND.

FLAUSCH-ALARM

 ... Alpaka-Spaziergang im Schnee

#38

Oh je: Diese großen braunen Augen, dieser flauschige Kopf – schon beim ersten Anblick ist es um einen geschehen: Liebe auf den ersten Blick, Widerstand zwecklos! Ein Alpaka wickelt so ziemlich jeden in Nullkommanix um den Finger.

Ein wenig überrascht es schon, wie schnell man in diesen Wochenend-Modus kommen kann. Wo ausschließlich das Hier und Jetzt zählt und nur noch das vierbeinige Gegenüber wichtig ist. An der Weilachmühle bei Altomünster passiert genau das ganz unweigerlich. Denn dort hat eine Herde von 30 weißen Alpakas ihr Zuhause. Von Natur aus sind Alpakas zurückhaltende Flucht- und Distanztiere, das Vertrauen muss man sich erst verdienen. Doch für gewöhnlich geht das recht zügig: Die Neugierde der Tiere überwiegt bald, wenn Besucher auf den Hof kommen. Umsichtig die Halfter angelegt an die flauschigen Wollknäuel, dabei ein wenig kennengelernt und beschnuppert, und los geht es zu einem gemütlichen Spaziergang. Auf den ersten Metern gibt es eine Einführung in das kleine Einmaleins zum respektvollen Um-

gang mit den Tieren. Nicht zu stark ziehen, ist einer der Grundsätze. Die Führungsleine soll immer ein wenig durchhängen.

Eine Frage stellt sich in jedem Fall schnell: Ist eine Spuckattacke zu befürchten? Keine Sorge: Alpakas spucken sich für gewöhnlich nur

---

Hin & Weg: S-Bahn bis Altomünster, von dort ein Ruftaxi oder Abholung (auf Anfrage). Alternativ, in der schneefreien Zeit, für die letzten Kilometer bis zur Weilachmühle das Fahrrad mitnehmen (www.weilachmuehle.de).

Dauer & Strecke: 2 Std., ca. 5 km (Spaziergang).

Beste Zeit: An und für sich ganzjährig, fürs Auge besonders schön bei Schnee.

Ausrüstung: Dem Wetter angepasste Spaziergang- bzw. Wanderbekleidung.

Alpakas in Wochenend-Stimmung. Fünf Kilometer geht es über Felder und durch Wiesen.

gegenseitig an, beispielsweise bei Futterneid. Auf Menschen zielen sie nicht grundlos. Noch so ein sympathischer Pluspunkt für die Alpakas, die, ebenso wie Lamas, zu den Kamelen zählen. Genauer zu den Neuweltkameliden. Sie wurden vor mehr als fünftausend Jahren in den Anden von den Inkas aus den wilden Vikunyas gezüchtet und besiedeln seither die Hochebenen des südamerikanischen Gebirges. In Europa und auch in Deutschland werden sie seit einigen Jahren als Hobbytiere immer populärer.

Auch in Bayern: Zwei Stunden spaziert der Tross durch die verschneiten Felder und Wiesen des Dachauer Hinterlands, kreuzt ein, zwei Bachläufe und verschwindet am Waldrand. Die Vierbeiner folgen den Zweibeinern auf leisen Sohlen. Oder ist es doch andersherum? So ganz klar und deutlich lässt sich das manchmal bis zum Schluss nicht ausmachen. Umso klarer ist: Die Alpakas sind allzeit gelassen. Sie strahlen Ruhe und Entspannung aus, die sich rasch selbst auf gestresste oder hektische Begleiter überträgt. Sogar Spaziermuffel sind schnell begeistert von den zierlichen Wollknäueln, die ein ganzes Stück kleiner als Lamas und daher auch für Kinder sehr angenehm zu führen sind. Spätestens, wenn eines der Tiere entspannt »singt« oder »brummt«, scheint alles im Flow.

FAZIT: EIN ALPAKA-SPAZIERGANG IST DIE ANTWORT DER ANDEREN ART AUF »ICH MUSS MAL RAUS, AUSLÜFTELN!«. DAUERGRINSEN GARANTIERT.

MIT DEM MOND AUF DU UND DU

... Wanderung am Heiglkopf

#39

Eine Vollmondwanderung durch den winterlichen Wald und hinauf auf einen verschneiten Gipfel hat das Zeug, eines dieser unvergesslichen Erlebnisse zu werden, von dem man noch lange und immer wieder aufs Neue schwärmt. Wiederholung wahrscheinlich!

#Vollmond #mondselig #Nachtwanderung #Abenteuer #Wald

Es dauert einige Minuten, bis sich die Augen an die Dunkelheit gewöhnt haben. Doch dann ist alles klar zu erkennen: der Bach, ein Stadl, der Weg. Sicherheitshalber ist die Stirnlampe zwar auf dem Kopf, doch an und für sich übernimmt der Vollmond, der Star des Abends, die ganze Arbeit.

Wer mit dem Bus kommt, ist schon von der Haltestelle über kleine asphaltierte Nebenstraßen bis zum Parkplatz unterhalb der ausgeschilderten Waldherralm spaziert. Autofahrer fangen direkt am beliebten Ausflugslokal mit dem nächtlichen Experiment an: Vom Parkplatz aus geht es geradeaus bis zu einer Weggabelung, die direkt vor einer kleinen Brücke über den Steinbach liegt. Dort rechts halten. Nach etwa 400 Metern gabelt sich der Weg erneut. Nochmals rechts

halten und – nun vom Bach weg – den Bergrücken hinauf. Bisher ist man noch im Wald gelaufen, nun führt der breite Weg an den ersten Wiesen vorbei, steigt zwischendurch mitunter etwas stärker an, bevor er nach etwa einer halben Stunde Gehzeit wieder im Wald verschwindet. Für den weiteren Weg auf den Gipfel des 1205 Meter hohen Heiglkopf

Hin & Weg: Mit dem Auto zur Waldherralm in Wackersberg. Alternativ und eingeschränkt mit der BOB bis Lenggries, Bus nach Wackersberg (Hst. Steinbach MAN); auf dem Rückweg ggf. bis Lenggries trampen.

Dauer & Strecke: 3–4 Std., ca. 6 km.

Beste Zeit: Zwischen Dezember und Februar.

Ausrüstung: Wanderausrüstung inkl. Stirnlampe, je nach Schneesituation evtl. Schneeschuhe.

Alles ist natürlich erleuchtet: Während einer winterlichen Vollmond-Wanderung kann die Stirnlampe auf offener Strecke ruhig ausgeschaltet bleiben.

– genau genommen nicht mehr als ein unscheinbarer Wald- und Wiesenbuckel – heißt es nun auf die inzwischen spärlichere Beschilderung zu achten. Alternativ hat man die Landkarte verinnerlicht oder orientiert sich mithilfe einer Wander-App, um den Weg von Süden heran zum schlichten hölzernen Gipfelkreuz zu finden.

Vielleicht waberten bisher Winterwolken und Nebelbänke über den Bergen. Doch wenn man das ganz große Vollmond-Gipfel-Los gezogen hat, dann klart es spätestens jetzt auf. Aus dem Tal scheinen Bad Tölz und Lenggries um die Wette, am Himmel leuchtet der Mond. Und zwar kräftig: Verglichen mit einem sternenklaren Nachthimmel, so heißt es, sei das Licht des Vollmonds 250 Mal stärker. Und selbst wenn der Mond hinter einer dicken Wolkenschicht verborgen ist, dringt diffuses Licht auf den Boden. Um diesen besonderen Moment auf dem Gipfel wirklich ausgiebig genießen zu können, sollte man eine zusätzliche warme Jacke im Rucksack dabeihaben.

Dazu noch die Thermoskanne mit heißem Tee – und warum nicht auch den Gipfelschnaps? Für das Gipfelfoto hilft es, zumindest ein Taschenstativ dabeizuhaben.

Zurück geht es durch die wie in Watte gepackt wirkende Landschaft auf dem gleichen Weg. Dabei unbedingt nochmals innehalten, um dem Winterwald zu lauschen, in dessen Stille hinein womöglich ein Waldkauz ruft, in dem der Wind leise durch die Baumkronen säuselt und vielleicht einen losen Ast mit einem Plock-Plock-Plock durch das Geäst hindurch zum Boden fallen lässt. Zurück an der Waldherralm lohnt es sich, einzukehren und den Abend mit einem schmackhaften Essen zu beschließen (www.waldherralm.de). Auf die Mond-Seligkeit!

> **FAZIT: AM HARMLOSEN HEIGLKOPF IST NÄCHTLICHES VOLLMOND-WINTERABENTEUER GARANTIERT.**

3. KAPITEL
MINIURLAUB

#40

PILGERN FÜR ANFÄNGER

#41

WENN EINER NICHT GENUG IST

#45

TRÄUMEN IN BÄUMEN

#42

#51

#50   #44

#52   #47

#49   #46

#48

#43

Ferien für ein Wochenende

Wasser, Berge, unendliches Grün - was braucht es mehr für ein Wochenendabenteuer? Nur allzu oft vergessen wir, welch wunderbar wilde Natur es direkt ums Eck gibt.

36H

PROBE-PILGERN

>‹ ... auf dem Bayerisch-Schwäbischen Jakobsweg ›‹

#40

Wie fühlt es sich an, der Jakobsmuschel, die den Weg ins spanische Santiago de Compostela weist, zu folgen? Und: Ist das Pilgern überhaupt meins? Bin ich für das Gehen gemacht? Ein Wochenende in Bayerisch-Schwaben gibt Antworten und Einsichten.

»Was wäre, wenn ...?« – Gut möglich, dass dieser Gedanke durch den Kopf schießt, während man Schritt für Schritt, Kurve um Kurve, Hügel um Hügel dem Bayerisch-Schwäbischen Jakobsweg folgt. Was wäre also, wenn man einfach weitergehen würde? Noch einen Tag und noch einen? Bis nach etwa vier Monaten Santiago de Compostella in Spanien erreicht wäre. Oder wenn man noch ein paar letzte Tagesetappen mehr bis zum westlichsten Punkt der Iberischen Halbinsel – bis nach Finisterre, zum »Ende der Welt« – laufen würde?

Schon im frühen Mittelalter pilgerten Menschen aus ganz Europa nach Spanien. Ein weitverzweigtes Wegesystem führte quer durch den Kontinent zum Grab des Heiligen Jakobus. Der Europarat erklärte den Jakobsweg nach Santiago 1987 zum ersten Kulturweg

Europas. Allmählich setzte ein neuer, ungeahnter Pilgerboom ein. Spätestens mit dem 2006 erschienenen Buch »Ich bin dann mal weg« von Hape Kerkeling ist klar: Niemand muss gläubig sein, um zu pilgern. Es reicht, ausgepowert und ausgebrannt von der Arbeit zu sein, oder auf der Suche nach sich selbst und dem Sinn des Lebens. Nun kann und will nicht jeder gleich alles stehen und liegen lassen, um mehrere Wochen oder gar Monate unterwegs zu sein. Mitunter reicht es für den Anfang, mal zwei Tage fürs Probepilgern einzuplanen. Eine ideale Strecke? – Zwischen Donauwörth und Gersthofen. Nur eine Zugstunde von München entfernt und doch ist alles merklich anders als an der Isar: die Architektur, der Zungenschlag, selbst die Landschaft. Donauwörth verlässt man über die Donaubrücke Richtung Süden. Spätestens

Selbst gemachte Säfte (und Liköre) aus den eigenen Streuobstwiesen gibt es im Klosterladen und am Frühstücksbüffet von Kloster Holzen.

dort finden sich auch die ersten Aufkleber und Schilder, die den Jakobsweg weisen. Verlieren kann man ihn bis zum Ziel am nächsten Tag eigentlich nicht mehr, denn an allen wichtigen Abzweigungen und Kreuzungen findet sich die Jakobsmuschel wieder.

Die erste Tagesetappe ist ideal zum Einlaufen: Gemütliche drei, vier Stunden sind es bis zum Kloster Holzen. Ein besonderer Ort, den sicher jeder gerne auf sich wirken lässt. Sehr zu empfehlen ist auch die knapp einstündige »Lauschtour«, ein Spaziergang mit Audioguide durch die Klosteranlage. Entweder die App aufs eigene Smartphone laden oder ein Gerät an der Hotelrezeption ausleihen. Tag zwei beginnt am besten mit dem Frühstücksbüffet, denn es steht ein »echter« (heißt: langer)

Pilgertag mit einigem an Strecke bevor. In Biberbach hat man nach rund 15 Kilometern etwa die Hälfte des Weges geschafft. Kurz vor der Kirche ist »Ediths Bioladen & Café« (www.bioladen-biberbach.de) jetzt eigentlich ein Muss: Frischer Kuchen und Cappuccino – ans Vorbeigehen ist da nicht zu denken.

Die weitere Strecke führt mal an einer Landstraße entlang, mal durch die Felder. Dann wieder geht es am kleinen Bachlauf der Schmutter weiter. Auch die asphaltierte Zielgerade nach Gersthofen ist schneller gelaufen als gedacht. »Echte Pilger« gehen von dort noch sieben Kilometer nach Augsburg weiter. Aber ganz so viel Reinigung durch Erschöpfung muss ja beim Probepilgern nun auch wieder nicht sein ...

Hin & Weg: Bahn bis Donauwörth, Rückfahrt ab Gersthofen.

Dauer: 2 Tage, ca. 45 km.

Beste Zeit: Frühling und Herbst, besonders schön zur Obstblüte im April.

Ausrüstung: Bequeme Wanderschuhe, leichtes Gepäck.

Wenn es Nacht wird: An Kloster Holzen (www.kloster-holzen.de) vorbeizugehen, wäre ein Frevel. Schmackhafte Stärkung im Klostergasthof. Nächtliche Erholung in den modern sanierten historischen Klosterzimmern. Mit einem Pilgerpass kann man auch günstiger in einem der Pilgerzimmer schlafen.

FAZIT: ZWEI TAGE, DIE DURCHAUS SCHON MAL ZUR KÖRPERLICHEN KATHARSIS FÜHREN. – PROBEPILGERN PAR EXCELLENCE!

DRUM HERUM GERADELT

>̶ ... auf dem Radlring um die Stadt ̶<

Was tun an einem Bilderbuch-Wochenende im Frühling? Am besten zeitig das Fahrrad schnappen und einmal rund um München radeln. Selbstredend, dass sich dabei ganz besonders viele Facetten der Stadt kennenlernen lassen. – Klingt gut? Ist es auch. Nachahmung empfohlen!

#Radlring #München #Stadt #Land #Isar #Münchenliebe

Morgens ist es mitunter noch
ganz still an Schloss Schleißheim.
Genauso wie ein paar Kilometer
weiter, an der Isar.

Der »Radlring München« bedeutet zum einen eine ordentliche Portion Natur. Auf den
140 Kilometern, die abgeradelt werden wollen, kreuzt man durch die Isarauen, es geht
am Speichersee und am Feringasee bei
Unterföhring vorbei. Dann wieder durch den
Perlacher Forst und den Forstenrieder Park.
Als Krönung einer der landschaftlich schönsten Abschnitte, die Amperauen.

Der Radlring bedeutet gleichzeitig, immer
wieder ins Stadtrand-Gewusel zu kommen.
München selbst berührt die Route nur an
ganz wenigen Stellen, aber stattdessen lässt
das Radeln, immer der Ausschilderung folgend,

einen ausgiebigen Einblick in die Umlandge-
meinden zu: Ismaning und Haar, Grünwald
und Gauting, Fürstenfeldbruck und Dachau.
Los geht es im Norden, am Schloss Schleißheim. Schließlich verlangt eine besondere
Unternehmung auch nach einem besonderen
Startpunkt. Von dort geht es im Uhrzeigersinn um die Stadt, was verschiedene Vorteile
hat: Auf diese Art kann man am ersten Tag
mehr Ortschaften, am zweiten Tag mehr Natur erkunden. Außerdem geht es am ersten
Tag tendenziell bergauf, am zweiten tendenziell bergab. Tagesziel ist, nachdem es beim
Hochstrampeln von der Isar kurz anstrengend
wird, Buchenhain. Hier gäbe es die S-Bahn,

um in die Innenstadt zu kommen und am nächsten Tag neu anzusetzen. Entspannter ist es, sich im gemütlichen Waldgasthof Buchenhain einzuquartieren und so kurzerhand einen Mini-Urlaub aus der München-Umrundung zu machen. Direkt hinter dem Haus geht es übrigens, am Klettergarten Buchenhain vorbei, hinunter an die Isar zu einer kleinen Badestelle gegenüber vom Georgenstein. Wer also an heißen Tagen unterwegs ist und überschüssige Energie hat ...

Das Faszinierende ist: Auf dem Radlring ist man nie mehr als 25 Kilometer Luftlinie von der Innenstadt entfernt. Müsste man ja eigentlich kennen, sollte man meinen. Und doch dürften selbst eingefleischte Münchner auf der 140 Kilometer langen Strecke ganz viele Ecken rund um die Stadt zum ersten Mal erkunden. Da wären die einen Orte, deren

Namen man bisher immer nur auf den Schildern der Autobahnausfahrten gelesen hat. Dann wieder andere, die man von S-Bahn-Fahrplänen kennt. Später vor allem Wälder und Naturschutzgebiete. Ein bisschen Obacht geben bei der Wegfindung: Der Radlring München wurde 2005 zur Bundesgarten-

Hin & Weg: Verschiedene Einstiegsmöglichkeiten entlang der S-Bahn, zum Beispiel S1 Oberschleißheim.

Dauer: 2 Tage, knapp 140 km.

Beste Zeit: April bis Oktober

Ausrüstung: Mountainbike oder Trekkingrad, Reparaturset nicht vergessen.

Wenn es Nacht wird: Der Waldgasthof Buchenhain (www.hotelbuchenhain.de) hat gemütliche Zimmer im dezenten Landhausstil. Das Etappenziel-Bier im Schatten großer, alter Kastanienbäume ist auf jeden Fall verdient.

Rundum-Blick: Während München samt Umland gerade noch unter dem Verkehr ächzt und aus den Nähten zu platzen scheint, gibt sich die Region wenig später ganz schnell ganz grün.

schau ausgeschildert. Seither ist das eine oder andere Schild abhanden gekommen. Um möglichst unbeschwert der Route zu folgen, lohnt es sich, die Strecke auf dem Smartphone dabeizuhaben und auch unterwegs immer ungefähr zu wissen, in welchen Ort es als Nächstes gehen soll. Oder ganz klassisch, mit Karte: der Radlring ist im Blatt UK 100-1 des bayerischen Landesvermessungsamtes eingezeichnet.

Während der zwei Tage auf dem Radlring ergeben sich viele Gelegenheiten, um an einem

Café oder an einem Biergarten zu pausieren. Und wer mit Kindern unterwegs ist, könnte auch kürzere Abschnitte wählen und eine zweite Übernachtung einplanen. Das Tollste an der Route ist die Flexibilität, die sie erlaubt.

FAZIT: IM FRÜHLING, WENN DIE BÄUME AUS-GETRIEBEN HABEN UND IN MINDESTENS 15 GRÜNTÖNEN LEUCHTEN, IST VIELLEICHT DER ALLERSCHÖNSTE MOMENT FÜR DIESE TOUR.

PFEIF DOCH MAL ZURÜCK!

≥ ... im Kemptener Wald ≤

#42

Morgens vom lautstarken Zwitschern der Vögel geweckt werden? Nichts einfacher als das! Schließlich übernachtet man in einem Baumhaus zwischen ihnen. Ein Wochenende in der Nähe von Kempten, hoch über dem Boden schwebend, ist ein wahr gewordener Kindheitstraum.

#Baumhaus #Natur #Bach #Wald #Ruhe #zwitschern #Allgäu

still ist, das wird einem so richtig klar, wenn man sich die Zeit nimmt, mal länger reinzuhören. Vorzugsweise im Frühling. Da knackt und raschelt es; es hüpft am Boden und fliegt in der Baumkrone umher. Vor allem aber zwitschert es. Ein ganz schönes morgendliches Spektakel ist das, denn die Frühaufsteher unter den Vögeln singen schon weit vor Sonnenaufgang. Das Rotschwänzchen meldet sich als Erstes zu Wort, bald darauf flötet die Drossel. Spätestens, wenn die Amsel mit ihrem melodiösen wie vehementen Gesang einstimmt, muss man sich entscheiden: Noch mal umdrehen? Oder auf leisen Sohlen aufstehen, eine kuschelige Jacke oder Decke überwerfen und genießen, wie der Tag erwacht? Fest steht: Selbst bei Langschläfern dürfte hinterher die Freude überwiegen, sich doch mal überwunden zu haben und früh aufgestanden zu sein. An einem freien Tag, wohlgemerkt. Einen Tee aufgebrüht, es sich auf der Dachterrasse des Baumhauses bequem gemacht und die Ohren gespitzt: Kanon, Kakophonie oder Konzert? Das ist in diesen Morgenstunden die Frage.

Mitten in einer mächtigen Baumkrone sitzen, verborgen vor den Blicken der anderen. Ein Gefühl von Freiheit und gleichzeitig Geborgenheit. Weil man sieht, und doch nicht gesehen wird. Eine Übernachtung im Baumhaus kommt diesem kindlichen Abenteuer ganz schön nah. Nur in komfortabel und in wetterfest.

Am Rand vom Kemptner Wald wurden mit viel Fingerspitzengefühl vier Baumhäuser in alten Rotbuchen versteckt. Daneben ein winziger Bachlauf, eine Picknickplatz mit Feuerstelle und eine Grillhütte; der Bauernhof liegt in Sichtweite hinter der großen Wiese. Fertig ist das ruhige, ländliche Paradies zwischen Bäumen. Wobei: »Land« oder »Natur« mit »Ruhe« zu assoziieren – das ist ja eher so eine städtische Vorstellung. Denn dass es draußen in der Natur selten absolut

Der ganze Luxus dieser Übernachtung zeigt sich um kurz nach acht. Dann nämlich kommen die Gastgeber auf Wunsch mit einem großen Frühstückskorb am Baumhaus vorbei, der wirklich alles enthält – bis hin zum Ei und der frischen Milch von den eigenen Kühen. Wenn die Sonne mitspielt und es für ein Frühstück auf der Veranda reicht, kommt ziemlich sicher irgendwann das Eichhörnchen, die Oachkatz, vorbei.

Tipp: Schon am Freitag anreisen! Ganz besonders entspannt wird das Baumhaus-Wochenende, wenn man Zeit für mindestens zwei Übernachtungen mitbringt. Vor allem Kinder wird die extra Zeit freuen, denn so ist auch ein ausgiebiger Besuch auf dem Bauernhof der Gastgeber drin – zum Kälbchen-, Pferde-, Ziegen- und Hasenschauen.

FAZIT: SCHÖNER ALS DAS TRÄUMEN IN BÄUMEN IST NUR NOCH DAS AUFWACHEN MITTEN IM ZWITSCHERN DER VÖGEL.

Hin & Weg: Am besten mit dem Auto. Wer auf Bus und Bahn angewiesen ist, den holt Familie Bechteler auch gerne vom Bus in Betzigau ab.

Dauer: Ein zwitscher-volles Wochenende.

Beste Zeit: Ganzjährig, besonders schön im Frühling.

Ausrüstung: Fernglas.

Wenn es Nacht wird: Das Baumhaushotel Allgäu (www.baumhaushotel-allgaeu.de) versteckt sich östlich von Kempten zwischen Hügeln und Baumkronen.

FLUSS – LAND – STADT

... Radtour vom Isarursprung nach München

#43

Jeder Münchner, den es regelmäßig an die Isar zieht, sollte irgendwann auch mal zu ihrem Ursprung, ins Karwendel. Um zu schauen, in welcher grandiosen Natur die Isarquellen entspringen. Dieses wilde Fleckchen Erde, tief zwischen den Gipfeln, vergisst man nicht so schnell. Eine Radtour flussabwärts, bis nach München, rundet den Quellbesuch ab.

Wer die Isar hinabradeln will, muss erst mal hinaufradeln. Denn der Isarursprung ist zwölf Radl-Kilometer von Scharnitz entfernt, mitten im Karwendel gelegen. Nach dieser Anfangsetappe durch das Hinterautal und das Gleirschtal darf man sich schon das erste Päuschen auf einer der Holzbänke im Quellgebiete gönnen: ein Schluck Wasser, vielleicht sogar eine erste kleine Brotzeit.

Nicht enttäuscht sein: »die eine« Quelle gibt es hier oben nicht. Vielmehr entsteht die Isar aus mehreren Zuflüssen, daher heißt diese hübsche Location auch »Bei den Flüssen«. Zwar speist auch der Lafatscherbach, der nochmals ein paar Kilometer weiter bergauf entspringt, die Isar. Doch anders als die niedrigeren Quellen führt der Lafatscherbach nicht immer Wasser. Weshalb also der Rast-

platz unterhalb der Kastenalm als offizieller Isarursprung gilt. Während man etwas später wieder in die Pedale tritt und sich nun aus

---

Hin & Weg: Mit der Bahn nach Scharnitz (Österreich), von dort etwa 12 Kilometer zur Quelle. Ab Scharnitz der Isarradweg-Beschilderung folgen.

Dauer: Zwei Tage, ca. 130 km. Oder gleich bis zur Mündung bei Plattling / Deggendorf durchstrampeln, dann zwei oder drei Tage mehr.

Beste Zeit: Juni bis August / September, wenn es die Sonne bis auf den Talboden schafft.

Ausrüstung: Fahrräder, evtl. Badesachen.

Übrigens: Detaillierte Streckeninfos gibt's auf der Website www.isarradweg.de.

Wenn es Nacht wird: Südlich von Lenggries auf dem Holzerhof (www. holzerhof.de). Etwa 13 Kilometer weiter, in Bad Tölz, ist die Einbachmühle (www.einbachmuehle.com) auf Radfahrer eingerichtet.

Die Isar hinunterzuradeln bedeutet erst einmal, zwölf Kilometer flussaufwärts zur Quelle zu radeln, mitten ins wilde Karwendel mit seinen langen Tälern.

dem Karwendel herausarbeitet, nimmt der kleine, reine Wasserlauf immerfort andere kleinere und kleinste Seitenarme auf. Die Zusammenflüsse lassen ihn immer größer werden, und bald schwillt er zu einem milchigen oder türkisfarbenen, gurgelnden und durchaus annehmbaren Flüsschen an.

Kurz hinter Scharnitz radelt man über die grüne Grenze, an Mittenwald vorbei und durch Wiesen. Bald ist der Blick wieder auf die Isar gelenkt. Dorthin, wo der Fluss seinem Namen »die Reißende« einmal mehr gerecht wird und das Wasser vor dem Sylvensteinstausee so wild ist, dass Kajak-Fahrer dort ihr Vergnügen finden. Weiter geht es, immer der Isarradweg-Beschilderung folgend, flussabwärts über Lenggries, Bad Tölz und Wolfratshausen bis nach München. Zwischendurch gibt es unzählig viele bezaubernde Stellen und Aussichtspunkte – die muss allerdings jeder für sich selbst entdecken.

Von der Quelle bis nach München sind es übrigens rund 130 Kilometer. Natürlich lässt sich diese Strecke auch an einem Tag runterreißen. Schöner ist es aber, sich mindestens zwei Tage Zeit zu lassen. Übernachtung rund um Lenggries oder in Bad Tölz.

FAZIT: WILD, WILDER, KARWENDEL! EIN QUÄNTCHEN AUSDAUER UND SITZFLEISCH WERDEN BELOHNT MIT EINER FASZINIERENDEN BERGKULISSE, DIE DER PERFEKTE AUSGANGSPUNKT FÜR EINE ISARRADTOUR IST.

REIF FÜR DIE INSEL

≷ ... ein Wochenende im Staffelsee ≷

#44

*Wie wäre es damit, den nächsten Kurz-
urlaub auf einer Insel zu verbringen?
Mitten in der Natur. Im eigenen Zelt. Mit
lodernder Feuerschale und Blick aufs
Wasser. Ohne Autos, dafür mit Alpenblick.*

#Insel #Auszeit #Zelten #Feuerschale #Boot

Aufwachen und zum See! Vielleicht
gleich vor dem Frühstück eine
Runde schwimmen?

Ins Paradies kommt man mit dem Boot. Zumindest, wenn das Paradies »Buchau« heißt – ein kleiner Sehnsuchtsort, der einen erst mit ganz viel Natur lockt und dem man dann ganz schnell mal verfallen kann.

Buchau ist die zweitgrößte von insgesamt sieben Inseln im Staffelsee, aber auch ein Campingplatz – und zwar ein ganz besonderer. Gut 500 Meter lang und an der schmalsten Stelle keine 50 Meter breit – Platz für Wohnwagen oder gar Autos wäre hier nicht und so

kommt höchstens mal ein Rad vorbeigeschoben, ansonsten ist man zu Fuß unterwegs. Oder eben mit dem Boot. Das Fährboot »d'Fischerin« schippert während der Campingsaison sieben, acht Mal pro Tag zwischen Seehausen und der Insel Buchau hin und her. Auf der Insel dann scheint fast jeder irgendein motorloses Wassergefährt dabeizuhaben. Mindestens eins: Kanus und Kajaks, Ruder- und Schlauboote schaukeln an den kleinen Stegen oder liegen neben den Zelten. Dazu Schwimmluftmatratzen und auf-

blasbare Schwäne. Denn auch Familien lieben das Paradies. Auf Buchau haben 130 Dauercamper ihre Zelte aufgeschlagen. Sie kommen regelmäßig her, um immer wieder ein paar Tage oder eben gleich den ganzen Sommer auszusteigen. Ihre großen Zelte sind zumeist auf Holzpodesten aufgebaut und nochmals unter einem Zeltdach geschützt. Das ganze Camping-Glück versteckt sich hinter und unter viel Grün. Dazwischen liegen mehrere kleine und größere Wiesen, auf denen sich jeder, der fürs Erste nur für zwei, drei Tage ins Campingparadies flüchten möchte, einfach seinen Lieblingsplatz auswählen darf – unter einem schattigen Baum, oder auch in der Sonne mit Blick auf eine der kleinen Badebuchten. Teile des Staffelsees sind Naturschutzgebiet und so gehören Blässhühner,

Stockenten und viele andere Wasservögel auch auf Buchau ganz selbstverständlich dazu. Und wenn der Blick vom Ufer des klei-

Abend auf Buchau: »d'Fischerin« kommt noch mal zur Insel, die letzten Segler treiben vorbei und das große Camping-Kochen möge beginnen.

nen Eilands über das Wasser schweift, ist zumindest am Anfang oft nicht so recht zu unterscheiden, ob das da gegenüber nun eigentlich schon wieder Festland, eine Halbinsel oder eine der anderen Inseln ist. Buchau zieht jeden magisch an, der gerne in der Natur ist, Wassersport mag oder einfach mal etwas Abstand von allem bekommen möchte – dabei aber auch das entspannte Nebeneinander mit anderen Campern zu schätzen weiß. Drei propere Sanitärhäuschen, ein Restaurant mit Biergarten und ein Kiosk, in dem es das Allernötigste zu kaufen gibt: Grillkohle, Sonnencreme, Wasserbälle für die Kinder.

Tipp: Wer noch nie zelten war oder gerade kein eigenes Zelt hat, kann auf Buchau auch in einem der Mietzelte logieren. Einfach Schlafsack ausrollen und der Kurzurlaub kann beginnen. Aber rechtzeitig reservieren, die Zelte sind beliebt.

Hin & Weg: Mit dem Auto oder mit Bahn und Bus über Murnau nach Seehausen am Staffelsee (Haltestelle Schule). Zur Insel per Boot.

Dauer: Ein Inselwochenende.

Beste Zeit: Sommer. Campingsaison ist von Mitte April bis Mitte Oktober.

Ausrüstung: Zelt, Isomatte, Schlafsack & Co.

Wenn es Nacht wird: Das Campingglück wartet auf Buchau (www.buchau-campinginsel.de).

FAZIT: DAS LEBEN KANN SO EINFACH SEIN!

SEEN SAMMELN

≶ ... an der Eggstätt-Hemhofer Seenplatte ≶

#45

Wohin eigentlich, wenn einen die Lust auf so richtig viel Wasser überkommt? Am liebsten nicht zu groß, nicht zu laut? – Zwischen waldigen Hügeln und moorigen Senken kommt bei Eggstätt für diesen Fall die Seenplatte mit ihrem ganz eigenen, ursprünglichen Charme daher.

Seen, Sümpfe und Toteislöcher prägen die sogenannte »Eiszerfallslandschaft« zwischen Eggstätt und Hemhof.

Kaum 150 Meter breit ist die kleine Landzunge zwischen Schloßsee und Langbürgner See an der Stelle, wo hinter Hemhof ein kleiner Weg links in die Wiesen abbiegt. Vom Bahnhof in Bad Endorf bis hierher sind es gerade mal fünf Kilometer. An dem kleinen Fuß- und Radweg nun glitzt und glänzt links und rechts zwischen den Bäumen immer wieder Wasser hervor. Mal silbrig, die Sonnenstrahlen spiegelnd. Dann wieder moorig und unergründlich. Schon ist man angekommen, mitten im Naturschutzgebiet Eggstätt-Hemhofer-Seenplatte. Pelhamer See, Hartsee und Langbürgner See sind die drei großen Gewässer – an ihnen finden sich vier, fünf ausgewiesene Badestellen. Verstreut zwischen den Hügeln liegen noch ein gutes Dutzend weitere Seen, von denen die kleinsten nicht mal einen offiziellen Namen haben. Nennenswerte touristische In-frastruktur gibt es so gut wie nicht – weshalb die hübschen Schwestern des großen Chiemsee wohl auch nach wie vor so viel unbekannter als dieser sind –, ein paar Wegweiser für Wanderer, die Bitte an Fahrradfahrer zum acht-

Hin & Weg: Bahn bis Bad Endorf, von dort knapp 5 km bis an die Seenplatte; alternativ (vor allem ohne Rad) mit dem Auto.

Dauer: Für einen ersten Geschmack 2 Std., ca. 6 km. Voller Genuss an einem Wochenende.

Beste Zeit: Mai bis September, insbesondere Frühsommer und Frühherbst.

Ausrüstung: Nach Gusto ein Fahrrad.

Wenn es Nacht wird: Im Landhof Angstl mit d´SpeisKammer in Höslwang (www.landhof-angstl.de) eines von drei charmanten Zimmern mieten. Warum nicht gleich ein bisschen länger bleiben?

samen und rücksichtsvollen Um-die-Kurve-Rollen und ein paar Infotafeln zur Entstehung der Seenplatte, das ist alles. »Naturnah« ist das Zauberwort, mit dem die Seen auftrumpfen.

Wer sein Rad mitbringt, kann direkt vom Bahnhof Endorf aus auf Entdeckungstour gehen. Dabei sollte man sich ruhig ganz viel Zeit lassen, kreuz und quer den Wegen durch Bayerns ältestes Naturschutzgebiet folgen und zum Nachmittag hin auch noch nach Höslwang hinüberradeln, um den Landhof Angstl mit d'SpeisKammer anzusteuern. Der Landhof besteht aus drei Doppelzimmern in einem charmanten, mit Bedacht modernisierten Rückzugsort, und ist ganz nebenbei alter und neuer Dorfmittelpunkt, seit die Besitzer dem Traditionsgasthof im Ortsteil Sonnering 2014 wieder neues Leben eingehaucht haben. Unten, in d'Speiskammer sind vor allem die Schweinshaxn legendär. Und ein Frühstück bekommen Wochenendgäste von Freitag bis Sonntag auch.

Wer mit dem Auto anreist und an der Seenplatte zu Fuß unterwegs ist, hat mit der Landzunge zwischen Schloß- und Langbürgner See ebenfalls einen guten Ausgangspunkt: Zunächst an zwei tümpelkleinen Seen vorbei, trifft man nach kurzer Zeit auf den knapp sechs Kilometer langen Seenplatten-Rundweg, der an Kesselsee, Einbeesee, Kautsee und Blassee entlangführt. Am zweiten Tag könnte man dann noch den Hartsee umrunden. Start dazu am besten nahe dem Freibad in Eggstätt, entgegen dem Uhrzeigersinn, sodass ein kurzes Straßenstück schnell vergessen ist. Besonders im Frühsommer und Frühherbst noch einen Abschluss-Stopp im Freibad einplanen. Von den weit ins Wasser reichenden Holzstegen dort hat man noch mal einen hübschen See-und-Berg-Blick. Und besser könnte das Seensammeln doch gar nicht enden!

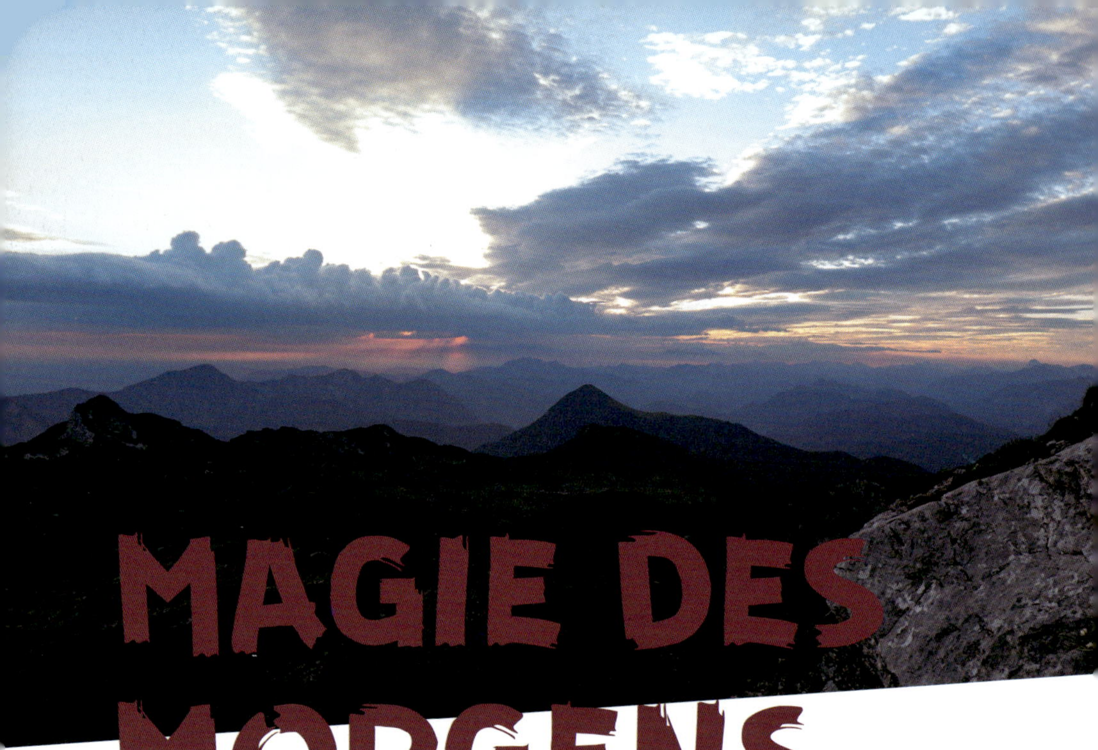

MAGIE DES MORGENS

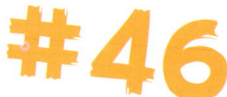

... zum Sonnenaufgang auf dem Krottenkopf

#46

Mag sein, dass es großartige Beschreibungen und noch viel schönere Bilder von Sonnenaufgängen gibt. Doch auch die besten von ihnen werden es nie damit aufnehmen können, diesen magischen Moment selbst zu erleben. Vor allem, wenn es um einen stimmungsvollen Morgen auf einem Berg geht.

#Sonnenaufgang #Gipfel #Alpen #Hütte #abgeschieden

Via Alpina

Garmisch-Partenkirchen
über Esterberg
←
DAV Sekt. Weilheim

Eschenlohe
→
DAV Sekt. Weilheim

Krün
→
DAV Sekt. Weilheim

Einer der wunderbarsten Gipfel-Logen-Plätze zum Sonnenaufgangsgucken ist unweit von München sicherlich der Krottenkopf. Mit 2085 Metern thront der höchste Berg der Bayerischen Voralpen mitten im kaum erschlossenen Estergebirge. Als wäre der freie Blick über das Meer von Bergen nicht schon genug, steht auf dem Sattel gut 100 Meter unter dem Gipfel zu allem Glücks-Überfluss auch noch die Weilheimer Hütte. Die sympathisch geführte Alpenvereinshütte mit ihren 50 Schlafplätzen bietet, wenn man so will, die Sonnenaufgangs-Pole-Position. Ein paar Minuten zeitiger aufzustehen wird bei gutem Wetter in jedem Fall belohnt: Während von Westen noch ein fahles Mondlicht auf den

gleichmäßigen Gipfelanstieg fällt, zaubert die Sonne als ersten Vorboten schon ein rotes Band an den östlichen Horizont.

Was dann passiert, ist allein den Geschicken der Natur überlassen – mal scheint sich die Sonne wie ein riesiger Feuerball hinter den Gipfeln emporzuschieben, dann wieder verstellen ein paar einzelne Wolken die Sicht, was mitunter noch dramatischer wirkt. Doch das besonders Magische an dem Sonnenaufgang-Erlebnis auf dem Krottenkopf ist wohl das Gefühl der Abgeschiedenheit, wie man es so nah von München kaum für möglich halten würde. Und eine Rückzugsgarantie gibt es auch: Die Tür zur Weilheimer Hütte

ist in der Sommersaison immer geöffnet. An kälteren Tagen prasselt beim Abstieg vom Gipfel im Ofen der Gaststube schon das Feuer und man darf sich alsbald auf das Frühstück freuen.

Eine Kuh und der Schriftzug »So schmecken die Berge« zieren die Frühstückstassen, denn der Großteil der Speisen und Getränke, die Hüttenwirt Christian Weiermann auf den Tisch bringt, stammen aus einem Umkreis von 50 Kilometern – die Säfte aus Lenggries, das Bier aus Mittenwald, auch die Wurst und das Fleisch kommen vom Metzger im Tal. Auf ihre Art ist die Hütte einfach, aber gemütlich. Duschen braucht man gar nicht erst suchen, dafür gibt es am Waschbecken eiskaltes Wasser. Und wer in einem Einzel- oder Doppelzimmer übernachtet, darf sich auf ganz private Hüttenromantik hinter gardinenbe-

hangenen Sprossenfenstern und in Karomuster-Betten freuen. Die 1300 Höhenmeter bis zur Hütte lassen sich zwar nicht kleinreden,

---

Hin & Weg: Bahn bis Farchant. Von dort über die Esterbergalm auf die Weilheimer Hütte. Dann noch mal gute 100 hm auf den Gipfel.

Dauer: Mindestens 3 Std., eher ab 4 Std. für den 11 km langen Aufstieg zur Weilheimer Hütte. Dort Übernachtung einplanen, dann wird alles ganz entspannt.

Beste Zeit: Frühherbst, wenn der Sonnenaufgang wieder etwas später ist. Die Hütte ist von Juni bis Mitte Oktober – traditionell bis Kirchweihsonntag – geöffnet.

Ausrüstung: Vor allem im Herbst: Warm anziehen – wer will schon den Sonnenaufgang verpassen, weil es zu kalt ist?!

Wenn es Nacht wird: Ab in die sehr sympathisch geführte Weilheimer Hütte (auch Krottenkopfhütte genannt; www.dav-weilheim.de), eine Alpenvereinshütte mit Matratzenlagern und einigen wenigen Zimmern. Hüttenschlafsack nicht vergessen.

Das fahle Mondlicht weicht der Morgensonne – vor dem Frühstück an der Weilheimer Hütte.

aber der Aufstieg vom Bahnhof in Farchant über die Esterbergalm führt durch insgesamt harmloses, einfaches Gehgelände, das selbst Flachland-Naturgenießern zu einem wirklich großartigen Berg- und Hüttenerlebnis verhilft. Die einzige Voraussetzung ist ein wenig Ausdauer, denn drei bis vier Stunden zu Fuß bergauf stehen allemal auf dem Plan; egal, wo man im Tal startet. Dank der zahlreichen Bahnhöfe rund um das Estergebirge ergeben sich für geübte Berggeher auch abwechslungsreiche Rundtouren und Durchquerun-

gen. Zum Beispiel von Eschenlohe über den Hahnbichlsteig und die Pustertal-Jagdhäuser zur Weilheimer Hütte; von dort am nächsten Tag weiter zur Esterbergalm und über den Kaltwassergraben ins Tal.

OH, DIESES GIPFEL-GLÜCK!

... auf den Geigelstein

 **#47**

Auf Berge steigen? Noch dazu im Winter? Einige werden fragen, was das eigentlich soll und warum man nicht einfach im Tal bleiben kann. Aber bei einer Schnee-schuhtour auf den Geigelstein findet sich eine ganz simple Antwort.

Die letzten Meter können ein wenig mühsam sein. Aber alle Anstrengungen sind vergessen, sobald sich das Bergpanorama auftut: Dem Geigelstein zu Füßen liegt der gesamte Chiemgau. Dahinter die Zacken des Wilden Kaiser. Und dahinter: ein ganzes Gipfelmeer. Glückshormone jagen in diesem Moment durch den Körper. Ein heiteres, seliges, manchmal sogar berauschendes Gefühl.

Im Winter ist der Geigelstein an und für sich eher den Skitourengehern vorbehalten. Doch auch, wer nicht Ski fährt, kann sich am zweithöchsten Gipfel der Chiemgauer Alpen versuchen. Denn abseits geräumter Wege geht es mit Schneeschuhen wunderbar weiter. Wer laufen kann, sollte damit keine Probleme haben. Einfach die Wanderstiefel in der Schneeschuhbindung fixieren, Stöcke in die Hand – und schon geht es los, nur eben ein

wenig breitbeiniger als gewohnt. Von Sachrang aus sind es gut 1100 Höhenmeter bis zum Gipfel; die Schneeschuhe braucht man in vielen Fällen aber erst auf dem letzten Stück, wenn man von der langen, geräumten Forst-

Hin & Weg: Bahn bis Aschau, von dort mehrmals täglich weiter mit dem Bus.

Dauer: Insgesamt 6–7 Std., teilbar auf zwei Tage … und ein ganz entspanntes Schneeschuh-Wochenende. Hin und zurück ca. 18 km.

Beste Zeit: Januar und Februar.

Ausrüstung: Schneeschuhe, Stöcke mit Wintertellern, DAV-Wanderkarte 1:25.000 (BY17).

Wenn es Nacht wird: Wer lieber am Berg bleibt: Priener Hütte (www.prienerhuette.de, Mehrbettzimmer und Lager). Alternativ im Tal Gasthof zur Post in Sachrang (www.hotelzurpost-sachrang.de) – bei dieser Variante ließe sich am nächsten Tag eine weitere Schneeschuhtour auf den Spitzstein machen.

straße nach links Richtung Geigelsteingipfel abbiegt. Wahrscheinlich hat schon ein Skitourengänger die Spur gelegt: Um ein paar sanfte Schneebuckel herum und zwischen den Bäumen hindurch zur Oberkaseralm, von dort nach Osten in den Sattel zwischen Wandspitz und Geigelstein. Die finalen Meter durch die tief eingeschneiten Latschen können windgepeitscht, verharscht und ein wenig kräftezehrend sein. Aber darauf folgt Gipfelglück satt!

Das Beste: Der Geigelstein ist nicht nur den Ausdauernden vorbehalten, die diese sechs- bis siebenstündige Tour bis zum Gipfelkreuz und wieder ins Tal an einem Tag unter die Schneeschuhe nehmen wollen. Denn unterhalb des Gipfels steht die Priener Hütte – wer mag, bringt den Schlafsack mit und bleibt ein bisschen länger dort oben. Auf der südseitigen Terrasse ist das Panorama so exzellent, dass es sich dort sehr gut einen Nachmittag aushalten lässt. Nach einer gemütlichen Übernachtung, einem ausgiebigen Frühstück und dem Prüfen des Lawinenlageberichts stapft man so vielleicht erst

am nächsten Morgen noch weiter auf einer der ausgewiesenen, naturverträglichen Routen hinauf zum Geigelstein. Dass man nur auf diesen speziell gekennzeichneten Wegen unterwegs sein sollte, hat seinen Grund: Birk-, Auer- und Alpenschneehühner haben dort ein wichtiges Rückzugsgebiet. Unter dem Schnee schlummert auch noch ein anderer kleiner Schatz: ein Blumenmeer. Deswegen nennen die Einheimischen ihren Geiglstoa auch »Blumenberg des Chiemgau«. Um den hat man ab 1975 sehr gekämpft, als der Gipfel mit Skischaukel und Bergbahnen erschlossen werden sollte. Heute ist hier ein Naturschutzgebiet ausgewiesen, das viele seltene Pflanzen beheimatet – der nächste Besuch ließe sich also schon mal für den Frühsommer einplanen.

→ MINIURLAUB...

GENÜSS-LICHES GLEITEN

... auf Langlauf-Ski in die Eng

#48

Im Nachhinein wundert es schon ein wenig, dass Langlaufen über viele Jahre als reichlich angestaubt und altbacken galt. Schließlich vereint es Landschaftsgenuss und Fitnesstraining in idealer Weise. Noch dazu im langen Rißbachtal, das im Tiroler Karwendel liegt, jedoch nur über eine kleine Straße von Oberbayern her erreichbar ist.

#Wintertraum #Langlauf #Luxus #Ruhe #Engalmen

Spätwinterglück à la Eng: Den perfekten Zeitpunkt für »noch reichlich Schnee« und »schon ganz viel Sonne« erwischen.

nenanbeter dann eine besonders lange Pause an den Engalmen machen kann. Andere sind dagegen ungeduldiger, trauen dem Winter auch im Karwendel nicht mehr so recht und machen sich schon ab Mitte Februar auf den Weg in die Eng. Ab dann nämlich ist es auf der Loipe und vor allem am Pausenplatz vor einer der Almhütten weniger schattig als im Hochwinter. Wirklich allein ist man dort an schönen Tagen selbst unter der Woche kaum. Aber stören muss einen das nicht. Einfach ein freies Sonnenplätzchen vor einer der Almhütten suchen, Brotzeit auspacken und das Leben genießen.

Das Tollste an dieser kleinen Auszeit? Die Ruhe und Abgeschiedenheit: Unten ist der Schlagbaum der kleinen Mautstraße Richtung Eng und lässt kein Auto durch. Der ansonsten stetige Gästetrubel im Tal, vor allem rund um den für sein herbstliches Farbspektakel berühmten Großen Ahornboden, ist jetzt schlichtweg unvorstellbar – im Winter ist

So viele Eindrücke! Kaum auf der Karwendelloipe bei Hinterriß gestartet, prasseln sie auf einen ein. Vorn der mäandernde Rißbach, hinten Felswände, die mit jeder Kurve mächtiger werden. Dazu die gleißende Wintersonne und die glitzernden Schneekristalle. In der Winterlandschaft funktioniert das mit dem Entspannen von jetzt auf gleich: Der Kopf? Abgeschaltet, sämtliche Gedanken an gestern oder morgen sind vergessen. Voll da, denn beim Langlaufen wird nahezu jeder Muskel angesprochen.

Die Karwendelloipe zählt zu den schneesichersten Langlaufzielen der Münchner. Und während die Großstadt schon auf Frühlingsmodus umgeschaltet hat, ist die Loipe im Rißbachtal oft bis weit in den März befahrbar. Manch einer schwört sogar darauf, unbedingt bis Mitte März zu warten, weil man als Son-

Hin & Weg: BOB bis Lenggries, von dort Ruftaxi nach Hinterriß. Oder mit dem Auto.

Dauer: Sportliche 2 Std./gemütlichere 3 Std. bis zu den Engalmen. Zurück etwa 1,5 Std., Pausen on top.

Beste Zeit: Mitte Februar bis Mitte März.

Ausrüstung: Kleiner Rucksack mit Brotzeit für die Engalmen, ein paar Euro-Münzen für den Loipen-Obolus.

Wenn es Nacht wird: Gasthof zur Post in Hinterriß (www.post-hinterriss.info). Im Winterhalbjahr die einzige Unterkunftsmöglichkeit im Rißbachtal. Attraktiv: Auf Anfrage holt Familie Reindl Gäste auch vom Lenggrieser Bahnhof ab. Außerdem verleiht das Hotel Langlaufausrüstung.

der Weg zu den Engalmen den Langläufern vorbehalten. Sicher auch ein Grund, warum die Karwendelloipe bei vielen als eine der schönsten Loipen in den Alpen überhaupt gilt.

Zugegeben, für absolute Anfänger ist die Karwendelloipe nix. Aber jeder, der schon ein wenig an Strecken mit Steigungen und Gefällen gewöhnt ist, wird begeistert sein von den knapp 30 Langlauf-Kilometern der Extraklasse. Klingt viel? Okay, Ausdauer ist schon gefragt. Aber auch, wer eigentlich lieber genussvoll durch die Landschaft gleitet, sollte es ruhig wagen: Zum einen kann man auch nur bis zu den schön gelegenen Ha-

gelhütten fahren oder auch sonst jederzeit umkehren. Zum anderen lässt sich mit einer Übernachtung in Hinterriß alles ganz besonders entspannt angehen.

FAZIT: LANDSCHAFTSGENUSS UND FITNESS-TRAINING IN IDEALER WEISE VEREINT.

BERGGIPFEL INKLUSIVE

 ... Rodel-Begeisterung am Breitenberg

#49

Ob gemütlich oder schnell – was für ein besonderes Vergnügen ein Wochenende auf zwei Schlittenkufen ist, wird bei einer winterlichen Auszeit in Pfronten deutlich. Ausgiebige Hütteneinkehr am Berggipfel inklusive. Also: Auf den Rodel, fertig, los!

#schnelleKurve #Rodel #Schlitten #Allgäu

Als Kind hat's wahrscheinlich jeder gemacht: Kaum, dass der erste Schnee den nächstgelegenen Hügel im Stadtpark oder am Dorfrand kräftig eingezuckert hat, ging es mit dem Schlitten hinaus. In tapferen kindskurzen Schritten gegen die wenigen Höhenmeter angekämpft. Einen Moment oben gestanden. Hinuntergeschaut. Und ab die Post. Bergauf, bergab. Wieder und wieder. Irgendwann, meist viel zu spät nach dem Dafürhalten der Eltern, kam man nach Hause. Ein bisschen nass, leicht unterkühlt – und sehr glücklich.

Mag sein, dass man dieses Rodelglück eine Weile vergisst, wenn man erwachsen wird. Doch mit der Zeit kommen die mitunter etwas nostalgisch wirkenden Erinnerungen wieder hoch. Klar ist: Rodeln ist so großartig wie simpel. Eine einfacher zu erlernende Wintersportart gibt es wohl kaum. Selbst der Rodel-Novize lernt vom Freizeit-Rodel-Profi ruckzuck das kleine Einmaleins der zwei schnellen Kufen. Alles, was es dazu braucht, ist eine lange Abfahrt. Wie die am Breitenberg, dem Hausberg von Pfronten.

Der prägnante Aggenstein spitzt schon im Aufstieg immer wieder hinter dem Wald empor.

Stück freut man sich schon auf eine gescheite Brotzeit in dem gemütlichen Hüttengastraum oder auf der einladenden Terrasse.

Frisch gestärkt ist eine Weile später der Moment gekommen, wo selbst der atemberaubende Rundblick auf die Allgäuer Alpen und die Tiroler sowie Schweizer Bergwelt egal sind. Denn nun folgt die große Belohnung für den Aufstieg: Auf den Rodel gesetzt und wieder ins Tal gesaust. Nach gut einer halben Stunde steht es einem ins Gesicht geschrieben: Das verlangt nach baldiger Wiederholung.

Übrigens: Natürlich ließe es sich auch einfacher angehen. Wer die knapp 800 Höhenmeter aus dem Tal nicht hochstapfen will oder kann, der gondelt aus Pfronten-Steinach mit der Breitenbergbahn direkt bis nach oben. An der Bergstation geht es dann nach rechts, zur Ostlerhütte. Oder sofort geradeaus und mit

Mit ihren gut sechs Kilometern ist die Rodelstrecke am Breitenberg eine der längsten in ganz Bayern. Doch vor dem Hinunterfahren heißt es hinaufstapfen. Los geht es an der Bushaltestelle Grenze, ehemaliges Zollhaus, oder am zwei Gehminuten entfernt liegenden Wanderparkplatz an der Achstraße, die von Pfronten ins Tannheimer Tal führt. Knapp 800 Höhenmeter schlängelt sich die Forststraße bergauf. Falsch machen lässt sich bei der Wegfindung nichts. Kurve um Kurve steigt der Weg an und gibt die Sicht auf die Berge allmählich frei. Immer wieder direkt vor einem: Der spitze Aggenstein. Dahinter schichten sich Bergspitzen um Bergspitzen – beim Blick auf die Gipfelpracht ist besonders gut verständlich, was gemeint war, wenn man in der Schule gelernt hat, dass die Alpen ein Faltengebirge sind. Die letzten 200 Höhenmeter, etwa 30 Minuten, bis zur Ostlerhütte sind deutlich steiler als der bisherige Weg. Spätestens auf diesem

Hin & Weg: Bahn bis Pfronten (Steinach), von dort mit dem Gästebus zur Haltestelle Grenze, ehemaliges Zollhaus. Auf dem Rückweg ggf. beim Gasthof Fallmühle zum Übernachten aussteigen.

Dauer: 2–2,5 Std. Aufstieg, 30–45 Min. Rodelabfahrt.

Beste Zeit: Januar und Februar.

Ausrüstung: Rodel (kann u. a. an der Breitenbergbahn geliehen werden), Winter-Wandersachen, DAV-Wanderkarte 1:25 000 (BY5).

Wenn es Nacht wird: Im Gasthof Fallmühle (www.fallmuehle.de) ist es ähnlich heimelig wie auf einer »echten« Hütte am Berg. Zur Wahl stehen Mehrbettzimmer mit duftendem und beruhigend wirkendem Zirbenholzmobiliar oder Doppelzimmer. Was will man mehr nach einem ausgiebigen Rodeltag?

dem Rodel hinab. Zurück nach Pfronten um den Berg herum fährt einen der Bus. Und auch eine Wiederholung muss tatsächlich nicht lange auf sich warten lassen: Am nächsten Tag bietet sich die Strecke von der Kappeler Almhütte für eine weitere, wenn auch kürzere Rodel-Runde an.

FAZIT: GANZ GLEICH, OB MAN MIT EINEM GEMÜTLICHEN SCHLITTEN ODER EINEM SPORTLICHEN RODEL UNTERWEGS IST — DIESES WOCHENENDE IM ALLGÄU BRINGT BESONDERS VIEL WINTERGAUDI.

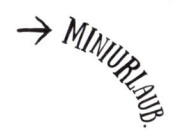

RAUREIF MIT ELFE

... wandern zur Scheibum in den Ammergauer Alpen

#50

Inmitten intakter Natur zur Ruhe kommen? Funktioniert bei einem Wochenende in den Ammergauer Alpen fast wie von selbst. Auf dem Weg zur Ammer, einem der schönsten naturbelassenen Flusstäler weit und breit, findet sich Zeit zum Abschalten, Schauen und Meditieren.

Bereits vom Saulgruber Bahnhof aus sieht man die Kirche, die mitten aus dem Dorf heraussticht. So schnell, wie auf dem kurzen Weg dorthin ländliche Geräusche und Gerüche von Traktor und Kuhstall in Ohr und Nase gedrungen sind, so schnell sind sie verflogen, kaum, dass man von der Dorfstraße in den »Höhenweg« einbiegt.

Der Höhenweg, der Teil des Meditationsweges Ammergauer Alpen ist, führt in einem Bogen durch die verschneiten Wiesen. Zunächst in Sichtweite an der Fatima-Kapelle vorbei – ein kleiner Abstecher empfiehlt sich allein schon für die Fotos. Dann weiter der Wegführung zum Weiler Acheleschwaig und der Ausschilderung »W5« folgen. Unterwegs gibt es immer wieder neue Blicke auf die oft schroffen, hier aber eher lieblich wirkenden Ammergauer Alpen. Neben dem Blick in die

Ferne lohnt sich der nach links und rechts vor die eigenen Füße. Der Schnee verrät, wo vor Kurzem ein Hase den Weg kreuzte. Und aus dem Schutz des Wäldchens heraus springen vielleicht sogar drei, vier, fünf, sechs, viele Rehe.

Dann wieder: Einfach mal die Nase in die Sonne halten, die Augen schließen und ein paar Mal tief ein- und ausatmen. Wirkt Wunder!

Hin & Weg: Mit der Bahn bis Saulgrub.

Dauer: Gemütliche 3 Std.

Beste Zeit: Ganzjährig, wunderschön bei Schnee.

Ausrüstung: Im Winter auch mit Schneeschuhen ein Genuss.

Wenn es Nacht wird: Eines der sechs Zimmer im Altenauer Dorfwirt (www.altenaudorfwirt.de).

Unweit des Höhenwegs lohnt der kurze Abstecher zur Fatima-Kapelle, bevor es weiter Richtung Westen zur Scheibum geht.

Nach nasskalten Nächten gewährt die Natur einen Blick auf ein faszinierend-vergängliches Schauspiel: Raureif. Da heißt es, sich Zeit zu nehmen und Zauberhaftes zu entdecken, wie nadelförmigen Kristalle an einem Weidezaun. Fein säuberlich nebeneinander aufgereiht, glitzern sie in der Sonne. Fast, als hätte am frühen Morgen eine Elfe sinniert: »Ich muss noch die Wäsche aufhängen«.

Am Gasthof Acheleschwaig stellt sich die Frage: Einkehren oder weitergehen? Tipp: Einen Tisch reservieren, um auf dem Rückweg eine der wärmenden Suppen zu probieren. Hinter dem Gasthof gelangt man nach einem Kilometer an die Ammer, konkret an die »Scheibum«, einen großartigen Felsdurchbruch, den der kleine Gebirgsfluss nur etwa 15 Kilometer von seiner Quelle geschaffen hat. An der Brücke geht es weiter rechts den Weg in den Wald hinein, an der nächsten Gabelung links. Wo der Weg auf die Kiesbank der Ammer führt, rechts der Spur folgen, die ein kurzes Stück später an der Aussichtsplattform der Scheibum endet. Genug geschaut? Retour

auf gleichem Weg über Acheleschwaig. Der Bogen über die Wiese kann nun ausgespart werden, direkter geht's auf dem geräumten Fußweg nach Saulgrub.

Tipp: In der Nachbargemeinde Altenau übernachten. Aus Saulgrub führt die Altenauer Straße in der Nähe der Bahnschienen die rund 2,5 Kilometer hinüber – oder man fährt eine Station mit dem Zug. Dort weiter ins Zentrum zum Altenauer Dorfwirt. Das Besondere an dem Gasthof ist seine Geschichte: Die Bürger von Altenau haben ihr leer stehendes Gasthaus vor einigen Jahren in Eigeninitiative liebevoll saniert und die alte, neue Dorfmitte aufleben lassen. Auch ein direkter Start von Altenau zur Scheibum ist möglich, im Winter aber mitunter schwer zu finden.

FAZIT: ABSCHALTEN, STAUNEN, DURCHATMEN. FRÜH AUFSTEHEN LOHNT SICH, ABER AUCH ZU ANDEREN TAGESZEITEN WUNDERBAR MEDITATIV.

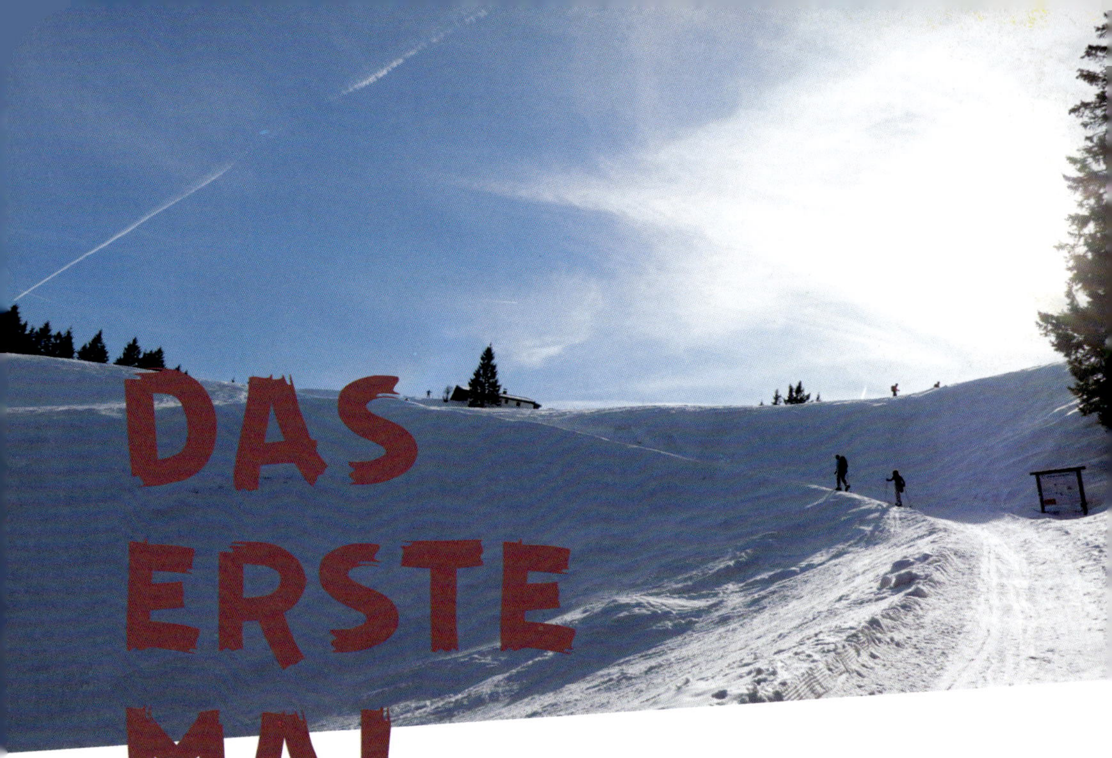

DAS ERSTE MAL

... auf Skitour am Unternberg

#51

Die geballte Winterfaszination erleben? Geht hervorragend auf einer Skitour für Einsteiger: Zwar fließt selbst beim einfachen Aufstieg über den Lehrpfad auf den Unternberg schnell der Schweiß. Aber oben angekommen ist die Anstrengung sofort vergessen. Auch – oder vielleicht gerade – bei Anfängern.

#Unternberg #Skitouren #Lehrpfad #auffellen #Panoramasatt

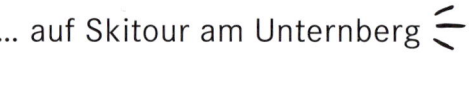

Lohn für den Skitouren-Aufstieg:
Panorama satt.

Wenn es um München geht, kommen (Neu-) Einheimische und ihre Gäste ja für gewöhnlich ziemlich schnell auf zwei Themen zu sprechen: Die oft als abenteuerlich empfundenen Wohnpreise, und das schier grenzenlos erscheinende Freizeitangebot. Bleiben wir beim Positiveren von beiden, den Freizeitmöglichkeiten. Die spielen sich oft im Süden der Stadt ab, gerne in den Bergen und gerne auch im Winter. Wie das Skitourengehen zum Beispiel. Was dessen Reiz ausmacht? Es ist oft diese Kombination aus sportlicher Herausforderung und Naturgenuss. Dafür verzichtet man nur allzu gerne auf den Lift und schlurft aus eigener Kraft den Berg hinauf. Doch wo und wie anfangen, wenn man bisher nur als Alpinskifahrer unterwegs gewesen ist? Bei-

spielsweise auf einem Skitourenlehrpfad, wie dem am Unternberg bei Ruhpolding, das ansonsten eher Biathlon-Hochburg ist.

Der Skitourenlehrpfad ist seit 2010 in dem überschaubaren Familienskigebiet eingerichtet und vermittelt das kleine Einmaleins des sicheren Skitourengehens, von der richtigen Spuranlage bis zur Bewertung der Lawinengefahr. Am separat für Skitourengeher ausgewiesenen Parkplatz am Schlepplift Bärngschwendt heißt es Ski aufgefellt und rein in die Stiefel. Es geht am linken Pistenrand entlang, schon bald kommt die erste der insgesamt zehn Info-Tafeln in Sicht. Weiter bergauf wartet der Berggasthof Raffner-Alm. Skitourenanfänger folgen am

gemütlichsten immer dem Forstweg: Der macht erst einen langen Bogen, trifft auf Höhe der Skiclubhütte wieder auf die Abfahrtspiste, kreuzt die Piste später nochmals und erreicht an der Bergwachthütte den Unternbergschneid. Alternativ nimmt man den steileren Aufstieg direkt neben der Piste. An der Bergwacht-Hütte steht ein zierliches Gipfelkreuz aus Holz. Dort ließe sich schon Schluss machen und das prima Panorama genießen, das sich während der letzten Aufstiegsmeter aufgetan hat. Oder man geht sehr flach ein kleines Stück nach Osten weiter. Dort steht neben der Bergstation des Sessellifts eine letzte Schautafel mit Tipps zum umweltverträglichen Skitourengehen. Nun die Ski abgeschnallt und abgefellt. Und dann: Gleich eine der Sonnenliegen anvisiert oder erst noch zu Fuß zum eigentlichen

Gipfel? Zumindest beim ersten Besuch dürften die wirklich allerletzten Meter bis zum höchsten Punkt Pflichtprogramm sein. Nach einer ausgiebigen Hüttenpause geht es mit dem notwendigen Schwung das flache Stück zur Bergwachthütte zurück. Hat es länger nicht

Hin & Weg: Bahn bis Ruhpolding, Dorfbus zum Skigebiet am Unternberg.

Dauer: Gemütliche 2 Std. Aufstiegszeit für ca. 700 Höhenmeter.

Beste Zeit: Von Januar bis Anfang März.

Ausrüstung: Skitourenausrüstung.

Wenn es Nacht wird: Das Traunbachhäusl (www.traunbachhausl.de) im Ortsteil Bibelöd empfängt Aktivurlauber in gemütlichen Zimmern. Nur ein paar Gehminuten vom Bahnhof Bibelöd entfernt. 15 Gehminuten ins Zentrum von Ruhpolding.

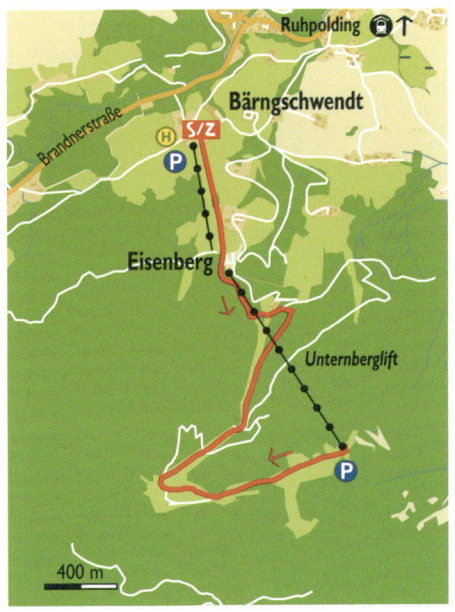

Los geht's am linken Rand der Skipiste. Weiter oben, im aufgelassenen Skigebiet, sind die Skitourengänger, gemeinsam mit ein paar Winterwanderern und Rodlern, unter sich. Erst ganz zum Schluss, an der Bergstation des Sessellifts, gibt es an schönen Tagen wieder ordentlich Trubel.

geschneit, kommen die oberen Hänge der anschließenden Pistenabfahrt recht buckelig und vereist daher. Weiter unten dann aber heißt es: Einfach entspannt laufen lassen.

Skitourenneuling und allein? In der Obhut eines Bergführers der Bergschule Chiemgau lässt sich der Skitourenlehrpfad auch bei einem eintägigen Kurs erkunden. Einmal auf den Geschmack gekommen, bieten sich rund um Ruhpolding für den nächsten Tag einige weitere Skitouren an.

FAZIT: EIN IDEALER UND SICHERER EINSTIEG IN DAS SKITOURENGEHEN. DAS TÜPFELCHEN AUF DEM SKITOUREN-I? EINDEUTIG DAS FANTASTISCHE BERGPANORAMA!

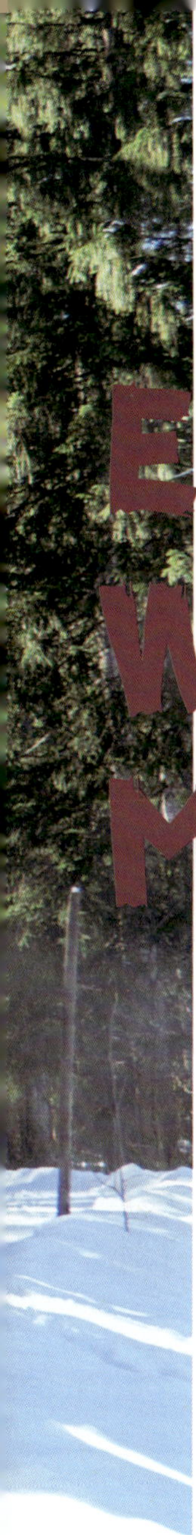

EIN WINTER-MÄRCHEN

… Auszeit in Geitau

#52

Für manche Märchen ist man nie zu alt, für manche Auszeiten nie zu jung – allein der Gedanke an eine Pferdeschlittenfahrt durch die in dickes, winterliches Weiß gepackte Landschaft kann die Fantasie beflügeln. Wenn dann endlich die passende Gelegenheit gekommen ist, heißt es einfach: genießen!

#Pferde #Wintermärchen #Winterwunderland #Sonnesatt

Mal frisch in Schnee gepackt, mal von der Sonne gewärmt - Winterglück in Bayrischzell und Geitau.

Am Dorfrand von Geitau, einem kleinen Ortsteil von Bayrischzell: Gemächlich traben die Pferde vor sich hin. Der Schnee dämpft die Trittgeräusche und schluckt fast jeden Laut. Einzig die Glöckchen am Geschirr der Pferde läuten hell und künden den Schlitten schon von Weitem an.

Mit sanfter Hand dirigiert der Kutscher seine Pferde vom Kutschbock aus durch die Landschaft, während man sich selbst auf der Rückbank zurechtgerückt hat. Eine dicke Wollmütze über die Ohren gezogen, eingemummelt in gemütliche Sachen und, für die extra Portion Behaglichkeit, noch in eine der bereitgelegten wärmenden Wolldecken gepackt. Vorn das Schnauben der Pferde, die warmen Dampfwolken, die aus ihren Nüstern in die frische, klare Alpenluft wabern. Hinten lehnt man sich einfach zurück und erfreut sich gedankenversunken an dem Weiß und der langsam vorübergleitenden Landschaft ringsum. Vielleicht kurz die Kamera oder das Smartphone zücken, um ein Bild festzuhalten. Oder auch genau das mal ganz bewusst nicht tun, um in vollen Zügen den vergänglichen Moment zu genießen. Diesen Moment, dessen Bild uns mitunter schon seit der Kindheit begleitet, als zu Weihnachten das erste Mal der Film »Drei Haselnüsse für Aschenbrödel« lief. Aber Märchen hin oder her. In jedem Fall ist eine Fahrt mit dem Pferdeschlitten immer auch ein wenig eine nostalgische Zeitreise, denn Pferde haben in Bayern eine lange Tradition. In den bayerischen Voralpen sind es vor allem die kräftigen, ausgeglichenen Süddeutschen Kaltblüter – auch einfach Oberländer genannt. Sie waren früher in jedem Dorf zu finden und wurden im

Hin & Weg: BOB bis Geitau bzw. Bayrischzell.

Dauer: 1 Std. für die Pferdeschlittenfahrt, die der Auftakt für ein entspanntes Wochenende ist. Buchbar bei Familie Storr und Familie Greinsberger (www.pferdekutschenfahrten-bayrischzell.de).

Beste Zeit: Januar/Februar.

Ausrüstung: Warme, bequeme Lieblingswinter-Einmummel-Klamotten. Mütze und Handschuhe nicht vergessen.

Wenn es Nacht wird: Wintermärchenhaft lässt sich das Wochenende im tief verschneiten Tannerhof (www.natur-hotel-tannerhof.de) in Bayrischzell verbringen. Übernachten in der traditionellen Lufthütte? Oder lieber im modernen Hüttenturm? Egal, worauf die Wahl fällt – es ist das ideale Versteck für ein paar ruhige und langsame Tage in den Bergen.

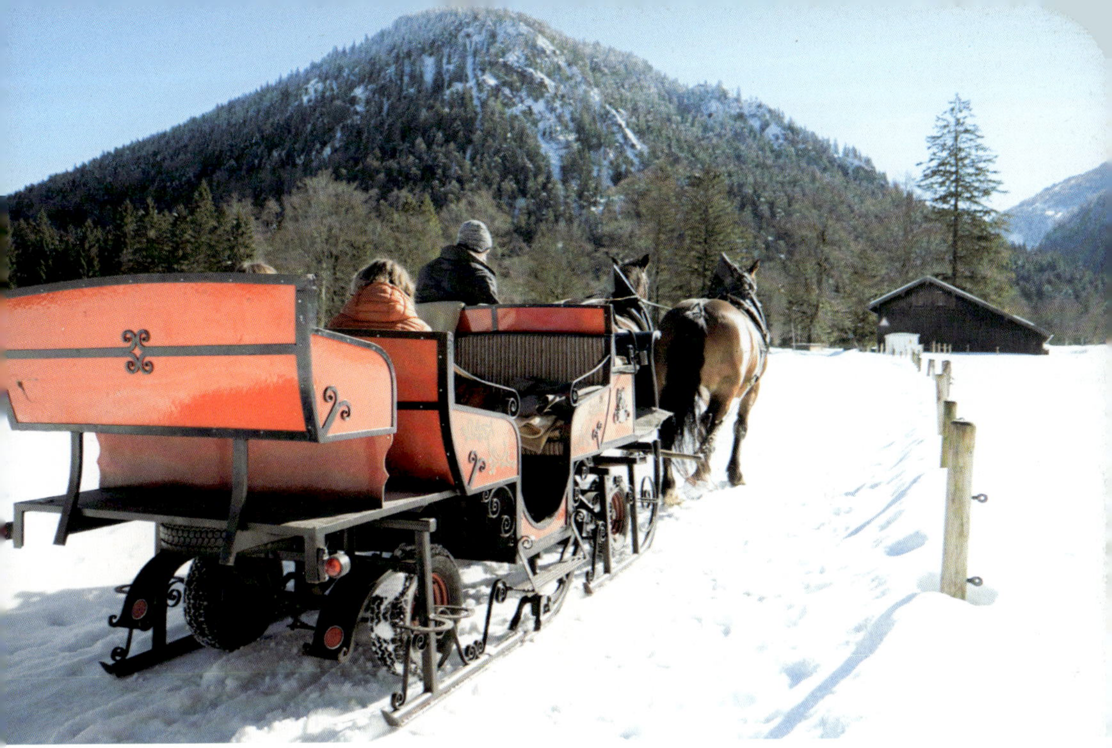

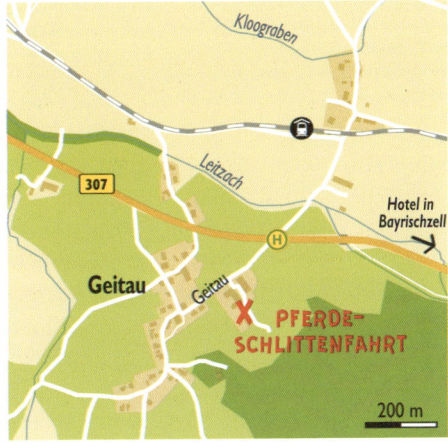

Winter viel für Holzfällerarbeiten eingesetzt, bei denen sie die Baumstämme aus dem Wald zogen. Heutzutage ziehen sie meist die Schlitten mit den Wochenend- und Urlaubsgästen.

Nach etwa einer Stunde kehrt der Pferdeschlitten nach Geitau zurück, das bis heute den ursprünglichen Charme eines gemütlichen bayerischen Alpendorfes behalten hat: Eine Kapelle und eine Wirtschaft; umgeben von stattlichen jahrhundertealten Bauernhöfen, die teils unter Denkmalschutz stehen. Hier lässt es sich verweilen und ein bisschen länger im Rhythmus der Langsamkeit bleiben.

FAZIT: EINE PFERDESCHLITTENFAHRT IST EIN NOSTALGISCHES MUSS, DAS MAN NICHT LÄNGER AUFSCHIEBEN SOLLTE.

SONST NOCH WICHTIG

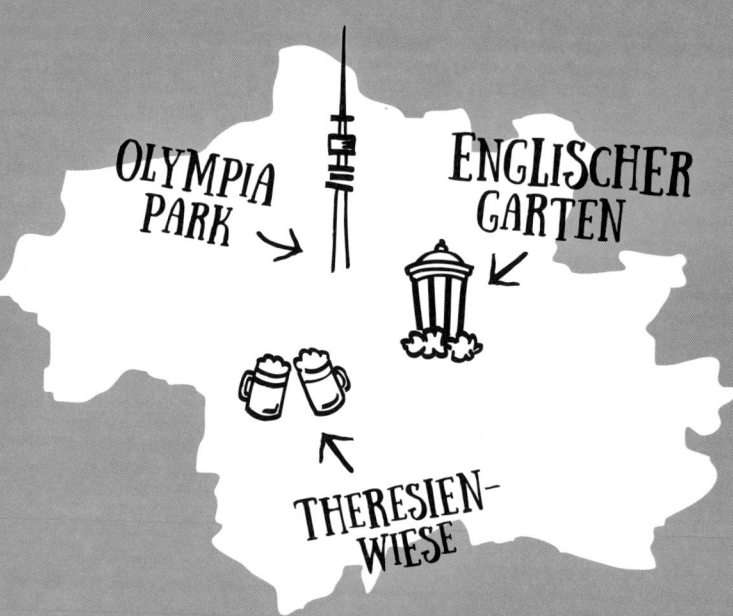

OLYMPIA PARK

ENGLISCHER GARTEN

THERESIEN-WIESE

Ein- und Überblick

Karten für den schnellen Überblick, ein Ortsregister, praktische Tipps sowie mehr über die Autorin und ihre liebsten Empfehlungen gibt es auf den folgenden Seiten.

GPX-Download aufs Smartphone - So geht's

Voraussetzung:
Eine Outdoor-App muss installiert sein, z. B. Kompass,
Outdooractive oder komoot. Zum Einlesen des QR-Codes
benötigen Android-Geräte eine QR-Code-App. Bei IOS-
Geräten ist diese Funktion in der Kamera integriert.

Daten downloaden:
1. Den QR-Code einlesen oder die Webadresse im Browser
   eingeben, um auf die Eskapaden-Website zu gelangen.
2. Die gewünschte Tour zum Download anklicken.
3. Bei IOS-Geräten werden die GPX-Daten direkt mit der
   vorab installierten App verknüpft. Bei Android-Geräten
   muss ggf. noch ein Weiterleiten-Button geklickt werden (z. B. oben rechts im Display). Manche Apps
   zeigen den Tourverlauf starr an, andere verfügen über
   eine Navigationsfunktion.

Tourenverlauf

GPX-Daten zum
kostenlosen Download
www.dumontreise.de/
eskapaden/muenchen

short.travel/tbt3y

Eskapaden in und um München in drei Übersichtskarten. Die Ziffern stehen für die Eskapaden-Nummern.

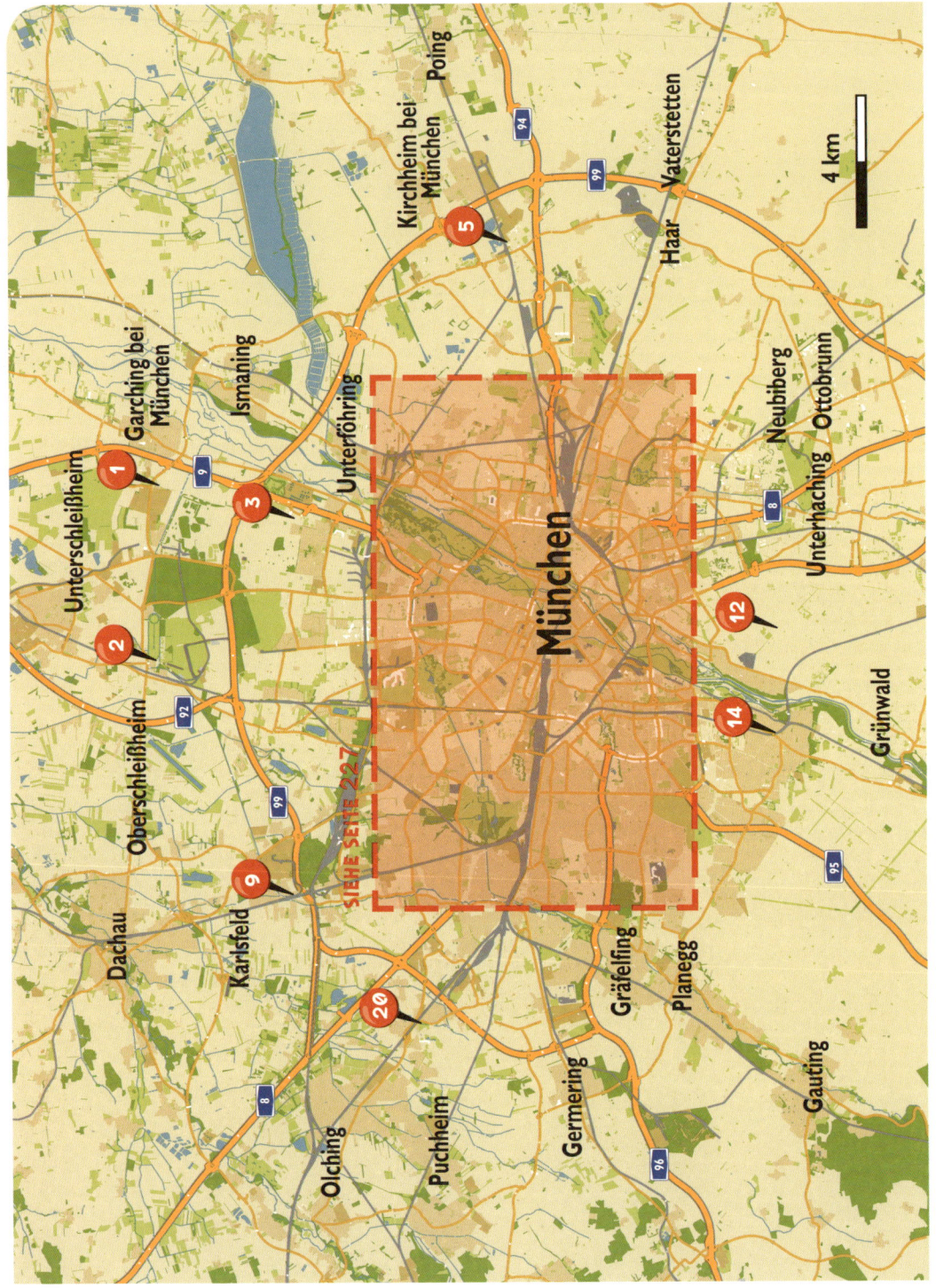

München

SIEHE SEITE 227

Poing

Kirchheim bei München

Vaterstetten

Haar

94

99

Ismaning

Unterföhring

Garching bei München

Unterschleißheim

Neubiberg

Ottobrunn

Unterhaching

Grünwald

8

9

1

3

5

2

12

14

92

Oberschleißheim

99

Dachau

Karlsfeld

9

95

20

Gräfelfing

Planegg

8

Olching

Puchheim

Germering

Gauting

96

4 km

NOCH MEHR ESKAPADEN ...

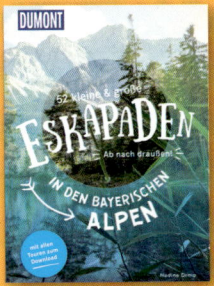 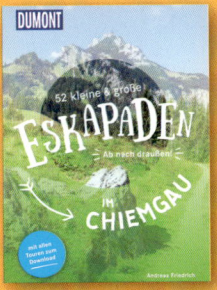 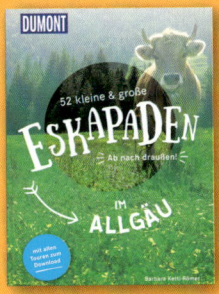

ISBN 978-3-7701-8088-2   ISBN 978-3-7701-8095-0   ISBN 978-3-616-11006-6

 ... erhalten Sie im gut sortierten Buchhandel
und unter www.dumontreise.de

IMPRESSUM

Konzeption Monique Sorban

Projektmanagement Svenja Heinle, Monique Sorban

Text & Fotos Nadine Ormo, www.alpenkontor.de (Fotos auf S. 14–17, S. 78–81 und S. 174 mit freundlicher Genehmigung der Bayerischen Schlösserverwaltung, www.schloesser.bayern.de)

Cover-/Buchgestaltung und Illustrationen Carolin Weidemann, Köln, www.weidemann-design.com

Lektorat & Satz Verlagsbüro Wais & Partner, Stuttgart, www.wais-und-partner.de

Kartografie © MAIRDUMONT, Ostfildern, unter Verwendung von Kartendaten von © OpenStreetMap-Mitwirkende, Lizenz CC-BY-SA 2.0

Printed in Poland

5. Auflage 2021
© 2018 DuMont Reiseverlag, Ostfildern
ISBN 978-3-7701-8075-2

www.dumontreise.de

love
Freiheit.

Geschmackssachen

Ganz unter dem Slow-Food-Zeichen steht das »Klosterstüberl Fürstenfeldbruck« (#26). Für Wildgerichte und extra-große Windbeutel kehrt man im »Gasthaus Höhlmühle« ein (#36). Ohne Kaiserschmarrn gehts nicht? Dann Eskapade #50 mit Abendessen und Übernachtung beim »Altenauer Dorfwirt« abrunden!

Weiterlesen

Immer donnerstags bringt die »TZ« auf ihrer Draußen-Seite neue Outdoor-Ideen rund um München und spannende Interviews. Ein Teil der Tipps ist auch online (www.tz.de) nachzu-lesen. Wer Bayern besser verstehen will: Gegen den Strich gebürstet liest sich das Magazin »MUH. Bayerische Aspekte« (www.muh.by).

Ohne Auto

Die meisten Eskapaden sind mit dem Öffentlichen Nahver-kehr zu erreichen: In und um München mit dem MVV (www.mvv-muenchen.de), Bus-und-Bahn-Verbindungen für den weiteren Umkreis finden sich zentral auf www.bahn.de. Spezielle Abhol-Services sind auch bei einzelnen Eskapa-den beschrieben. Wer in der Stadt spontan ein Leihrad benötigt oder für einzelne Fahrten ein Car-Sharing-An-gebot nutzen möchte: Infor-mationen zu Stationen und Verfügbarkeiten auf carsha-ring.mvg-mobil.de.

GUT ZU WISSEN ...

Sicherheit & Notfälle

Zentrale europäische Notruf-nummer ist die 112 – gebüh-renfrei aus allen Netzen, auch mobil, erreichbar. Feuerwehr und Rettungsdienste werden so alarmiert.

Vor Ort im Netz

Fundierte Draußen-Tipps rund um München und gen Münchner Hausberge gibt es vor al-lem auf einigen heimischen Outdoor-Blogs wie www.hurra-draussen.de, www.auf-den-berg.de oder www.zwerg-am-berg.de.

ESKAPADEN-REGISTER ...

≥ Alle Orte mit Seitenverweisen ≤